PREFACE

단 한 권으로 TOEIC을 가장 잘 이해할 수 있는 기본 학습서!!

"책 한 권으로 끝나는 토익"은 단기간에 토익 점수를 획득하고자 하는 수험생들을 위한 학습서 입니다.

본 교재는 학습자들이 최신 토익 출제 경향을 반영한 문제를 책 한 권에 수록함으로써 R/C와 L/C를 분리해서 공부했던 기존의 학습서와는 차별을 두었습니다. 또한 시험에서 자주 출제되는 유형을 그대로 반영한 문제들로 구성하였습니다. 주어진 시간 내에 문제를 풀 수 있도록 핵심 포인트를 실어 학습자들이 빠른 시간 안에 문제를 풀 수 있도록 하였습니다.

학습자들이 공부를 하면서 모르는 부분에 대해서는 실시간 정보 공유를 할 수 있도록 네이버 카페에서 궁금한 점을 저자와 나누고, 다양한 무료 토익 학습 자료를 이용한다면, 보다 효과적인 학습이 될 수 있을 것입니다.

"책 한 권으로 끝나는 토익"을 통해 학습자들이 원하는 토익 성적을 받으시고, 더 커다란 목표에 도달하시길 진심으로 기원합니다.

책이 나오기까지 교정과 편집을 위해 수고해주신 강설화 선생님께 깊이 감사를 드립니다.

2020년 05월 15일
서재 에서
김원호

이 책의 구성

본문에서 TOEIC에 자주 출제되는 문법, 독해, L/C 내용을 쉽고 자세하게 풀어서 설명했습니다. TOEIC 예문들과 함께 기본적인 개념을 확실하게 이해할 수 있습니다. 700점 이상의 고득점을 받기 위해서 꼭 참고해야 할 TOEIC기본서입니다.

문법은 반드시 나오는 부분만 강조하고 기출문제를 풀어 봄으로써 짧은 시간 내에 자신감을 가질 수 있게 했습니다.

어휘는 기본적인 단어를 바탕으로 문제 풀이에 접근할 수 있도록 제시하고, 독해부분은 짧은 시간 내에 문제풀이에 접근할 수 있도록 방향을 제시했습니다.

L/C는 쉽게 듣는 방법을 제시함으로써 듣기 부분에 힘든 수험생들도 부담 없이 듣기 점수를 올릴 수 있는 기초를 마련했습니다.

최신 기출 경향을 반영한 실전 문제들로 학습한 내용을 바로 적용해 볼 수 있게 했습니다. 문법 부분에서는 TOEIC에 반드시 나오는 부분은 "필수'마크로 표시했습니다. 교재에 수록된 모든 문제와 지문에 대한 해설을 제공하여 학습자가 보다 정확하게 문제와 지문을 향상시킬 수 있도록 하였습니다.

네이버카페 "김원호의 영어세상"에서 본 교재(L/C파일)외의 다양한 학습 자료를 무료로 제공합니다.

목차

8품사

---

1. 명사

① 사람 동물 사물 장소 등의 이름

② 셀 수 있는 명사 (가산 명사)이고 하나일 때 (단수)와 둘 이상일 때(복수)

◇ 셀 수 있는 것: book, desk, girl, brother

◇ 셀 수 없는 것: water, coffee, air, sugar

2. 대명사

① 명사(구)를 대신 하는 말

◇ I, you, him, we, they, this(these), that(those)

3. 동사

① 사람 사물의 동작이나 상태를 나타내는 말

◇ Mr. Lee **joins** our team today.

[해석] Mr. Lee는 오늘 우리 팀에 참가한다.

[해설] Mr. Lee가 주어 단수가 오므로 join동사는 단수 표시 s를 써준다.

[어휘] join 참가하다

◇ The lab workers **wear** protective gloves.

[해석] 실험실 근로자들은 보호 장갑을 낀다.

[해설] 주어가 The lab workers 이렇게 명사에 s가 있으면 복수이다.
wear가 동사인데 s(es)가 없으면 복수 동사가 된다. glove는 명사인데 복수로
쓰고 싶으면 s(es)를 붙이는데 v로 끝나면 es를 붙인다.

[어휘] lab 과학실험실   **wear** 입다 끼다   **protective gloves** 보호 장갑

4

4. 형용사

① 사람이나 사물의 성질이나 상태를 설명

◇ I met a nice girl yesterday. (명사 girl를 직접 설명)

[해석] 나는 어제 멋진 소녀를 만났다.

[어휘] meet-met-met 만나다

◇ He was wise and kind (명사를 서술하여 나타냄)

[해석] 그는 현명하고 친절하다.

[어휘] wise 현명한   kind 친절한

5. 부사

① 동사 형용사 다른 부사 혹은 문장 전체의 의미를 좀 더 자세하고 명확하게 나타내기 위해서 덧붙이는 말

◇ Jane **really** likes her neighborhood. (동사 likes 수식)

[해석] Jane은 그녀의 이웃을 좋아한다.

[어휘] **really** 정말   **neighborhood** 이웃

◇ She is **very** kind. (very 부사가 kind 형용사 수식)

[어휘] **kind** 친절한

◇ He can speak English **quite well**. (quite 부사가 다른 부사 well을 수식)

◇ **Fortunately** he is an expert. (Fortunately가 문장 앞에 와서 문장 전체 수식)

[해석] 운이 좋게도 그는 전문가이다.

[어휘] **fortunately** 운이 좋게도   **expert** 전문가

6. 전치사

① 명사나 대명사 앞(前)에 위치하는 말로서 시간 장소 조건 수단 방향 등의 의미를 나타내는 역할을 한다.

◇ The film starts **at** 6 P. M. (시간)
   [해석] 영화는 6시에 시작한다.

◇ There are a lot of people **in** the church. (장소)
   [해석] 교회 안에 많은 사람들이 있다.
   [어휘] a lot of 많은   **church** 극장

7. 접속사

① 말과 말을 접속하는 즉 연결해 주는 말

◇ **Cash** or **card**? (단어+단어)
   [해석] 현금으로 하시겠습니까? 아니면 카드로 하시겠습니까?

◇ Is it **for here** or **to go**? (구+구)
   [해석] 여기서 드시겠습니까? 아니면 가져가시겠습니까?

◇ We stayed home because it rained yesterday. (절+절)
   [해석] 우리는 어제 비가 왔기 때문에 집에 머물렀다.
   [어휘] stay 머무르다   **rain** 비가 오다

8. 감탄사

① 기쁨 슬픔 놀람 아픔과 감정을 느낀 순간 내뱉는 말

◇ **Oh**, what a good idea it is!
   [해석] 와, 좋은 생각이다!

구와 절

1. 구

① 주어+동사 없이 품사 역할을 하면 구이다.

◇ **명사구** I want **to buy a gift for him. Choosing a gift for him** is difficult.

[해석] 나는 그를 위해 선물을 사기를 원한다. // 그를 위해 선물을 고르는 것은 어렵다.

[해설] want는 타동사이므로 뒤에 목적어로 to+동사원형이 온다. choose는 동사 이 동사는 주어가 되지 못하기 때문에 choose에 ~ing을 붙여 주어로 만든다.

[어휘] **choose** 선택하다   **difficult** 어려운

◇ **형용사구** I will buy some chocolate **to give him.**

[해설] to give가 앞에 명사 초콜릿을 수식한다.

◇ **부사구 To make him happy** I bought chocolate.

[해석] 그를 행복하게 해주려고 초콜릿을 샀다.

[해설] to 전치사 +명사(대명사)가 부사구가 되어 뒤에 전체 문장을 수식 한다

2. 절

① 주어+동사를 포함하여 품사 역할을 하면 절이다.

◇ **명사절** I think **that she is interested in me.**

[해석] 그녀가 나에게 관심 있다고 생각한다.

[해설] think는 **타동사로 목적어로** that+주어+동사가 나온다.

◇ **형용사절** She is the first woman **that gave me chocolate.**

[해석] 그녀는 나에게 초콜릿을 준 첫 번째 여자이다.

[해설] that gave me chocolate문장이 앞에 있는 woman을 수식한다.

◇ **부사절** I will give her a gift in return **because she gave me chocolate.**

[해석] 그녀가 내게 초콜릿을 줬기 때문에 그녀에게 답례로 선물을 줄 것이다.

[해설] I(주어) +will give(동사) because(접속사) she(주어)+ gave(동사)

[어휘] in return 답례로

문장의 구성요소와 5문형

1. 1형식(자동사)

① 주어와 동사 그리고 수식어(구)로만 이루어진 문장

　✳ TOEIC에서 주어와 동사를 묻는 문제 유형이 출제된다.

　◇ He smokes.

　　[해석] 그는 담배를 피운다.

　◇ He smokes heavily.

　　[해석] 그는 담배를 많이 피운다.

2. 2형식(불완전자동사)

① 주어와 동사 외에 주어를 보충 설명해 주는 주격 보어가 필요하다.

　✳ TOEIC에서 be동사 뒤에 형용사를 묻는 문제 유형이 출제된다.

　◇ He is busy.

　　[해석] 그는 바쁘다. (그의 상태=바쁜)

　◇ You look happy today.

　　[해석] 너는 오늘 행복하게 보인다. (너의 상태=행복한)

3. 3형식(완전 타동사)

① 주어와 동사 뒤에 목적어가 온다. 목적어란 동사의 동작이 행해지는 대상을 의미하고 **명사구(절) 대명사 to+동사원형 ~ing(동명사) 명사절(that 주어+동사)이 목적어**로 온다.

　✳ TOEIC에서 목적어로 명사구(절) 대명사 to+동사원형 ~ing(동명사)를 묻는 문제유형이 출제된다.

◇ She drinks **four cups of coffee a day**. (명사구)

　　[해석] 나는 하루에 커피 4잔을 마시다.

　　[해설] 커피 한잔 a cup of coffee (커피는 셀 수 없기 때문에 수량 표시로 나타낸다.)

◇ I forget **to lock** the door. (to+부정사)

　　[해석] 나는 문을 잠그는 것을 잊었다.

　　[해설] forget 잊었다 → 타동사이므로 뒤에 목적어가 to+동사원형 (lock 잠그다)으로 왔다.

◇ We think **that he is right**. (명사절)

　　[해석] 우리는 그가 옳다고 생각한다.

　　[해설] think는 타동사로 명사절(that+주어+동사)가 나온다.

◇ He enjoy **meeting** her yesterday. (동명사)

　　[해석] 그는 어제 그녀와 미팅을 즐겼다.

　　[해설] enjoy 타동사 뒤에 목적어로 동명사(동사 뒤에 ~ing)가 나온다.

◇ We are **looking for** solution. (전치사)

　　[해석] 우리는 해결을 찾고 있다.

　　[해설] look for ~을 찾다(전치사)이다. 뒤에 목적어로 명사 solution (해결)이 온다.

4. 4형식(수여동사)

① 주어+동사+간접목적어(~에게)+직접목적어(`을) 이렇게 두 개의 목적어가 오는 문장

◇ He gave me a lot of advice.

　[해석] 그는 많은 충고를 나에게 해주었다.

　[어휘] **a lot of** ~많은　　**advice** 충고

5. 5형식 (불안전 타동사)

① 주어+동사+목적어+목적격보어(목적어를 보충 설명)

◇ She found the room empty.

[해석] 그는 방이 비어 있는 것을 알았다.

[해설] the room이 어떤 상황인지 설명해주는 목적격보어가 empty이다.

[어휘] find-found-found 찾다   **empty** 비어 있는

② **5형식 동사: (시키다 명령하다 허락하다) + 목적어 + to+동사원형(목적격 보어)**

✱ [**allow / permit / enable / want / encourage / require / request / ask**]

◇ The library's online resources **allow** free information **to access** to all users.

[해석] 도서관 온라인 자료는 모든 사용자들이 무료정보를 이용할 수 있도록 해준다.

[해설] allow +목적어+ to+동사원형이 나와야 한다.

[어휘] resources 자원 자료   **access** 접근하다.   **allow** 허락하다

③ 사역동사+ 목적어+ 목적격보어

✱ [사역동사: **have make let** +목적어+ 목적격보어는 동사원형이 온다.

◇ The great performance **made** audience **applaud** loudly.

[해석] 멋진 공연은 관객들로 하여금 큰 박수를 보내도록 만들었다.

[해설] made는 사역동사로 목적격보어는 동사원형이 온다.

[어휘] performance 공연   **audience** 관객   **applaud** 갈채를 보내다   **loudly** 큰 소리로

1. 주어

① 문장의 주체로서 주어 자리에 올 수 있는 것으로 명사와 대명사이며 to+동사원형 동명사(동사원형+~ing) 명사절(that +주어+동사)가 올 수 있다.

◇ **The factory** produces a variety of good. (명사)

[해석] 공장은 많은 상품을 생산해낸다.

[어휘] **factory** 공장   **produce** 생산하다   **a variety of** 다양한   **good** 상품

◇ **It** produces a variety of goods. (It=the factory) (대명사)

[해석] 공장은 다양한 상품을 생산해낸다.

◇ **To control** myself is very good. (to+부정사)

[해석] 자신을 통제하는 하는 것은 매우 좋다.

[어휘] **control** 통제하다   **myself** 자기 자신

◇ **Meeting** the deadline seems impossible (동명사)

[해석] 마감시간에 만나는 것은 불가능하다.

[어휘] **deadline** 마감일   **impossible** 불가능한   **seem** ~처럼 보인다.

◇ **That he is** honesty. (명사절 that +주어+동사)

[해석] 그는 정직하다.

[어휘] **honesty** 정직 솔직함

1. 목적어

① 목적어란 동사의 행위가 가해지는 대상으로 우리말의 ~을(를)에 해당된다.

◇ The safety inspector found **a problem**. (명사)

[해석] 안전 감독관은 문제를 찾아냈다.

[해설] find –found –found find 자동사의 목적어로 명사(a problem)가 나온다.

[어휘] **safety inspector** 안전 감독관   **find-found-found** 찾다

◇ The safety inspector found **it**. (대명사)

[해석] 안전 감독관은 그것을 찾아냈다.

[해설] found 타동사의 목적어로 대명사 it이 나왔다.

◇ She forgot **to attach** the label. (to+동사원형)

[해석] 그녀는 이름표 부착하는 것을 잊었다.

[해설] forgot 타동사의 목적어로 to+부정사가 나왔다.

[어휘] **attach** 부착하다   **label** 이름표   **forget-forgot-forgotten** 잊다.

◇ He finished **loading** the boxes onto the truck. (동명사)

[해석] 그는 트럭 위에 박스를 싣는 것을 잊었다.

[해설] finished 자동사의 목적어로 loading(동명사)가 목적어로 나왔다.

[어휘] **finish-finished- finished** 끝내다   **load** 짐을 싣다   **onto(=on)** ~위에

◇ We believe **that the system is** efficient. (명사절 that +주어+동사)

[해석] 우리는 이체계가 효율적이라는 것을 믿었다.

[해설] believe타동사의 목적어로 (that+주어+동사)가 나왔다.

[어휘] **believe** 믿는다.   **system** 체계   **efficient** 효율적인

2. 보어

① 주어나 목적어의 성질 상태 신분 등을 보충 설명해주는 말

be동사 뒤에 보어로 **명사 형용사 분사형용사(~ing, ~pp) 명사절 (that +주어+동사)**

to+ 부정사가 온다.

✱ TOEIC은 be동사 뒤에 형용사가 출제된다.

◇ He is **reviewing** the resume.

[해석] 그는 이력서를 검토하고 있다.

[해설] be동사 뒤에 동사 review가 나올 수 없으므로 review동사에 ~ing를 붙여 분사 형용사형태로 만들어준다. review타동사의 목적절로 (that+주어+동사) 형태가 온다.

[어휘] **review** 점검하다   **resume** 이력서

TOEIC 기초 역량을 쌓기 위해 지금까지 문법의 핵심적인 내용을 이해하셨다고 생각됩니다. 지금부터는 앞에서 배운 문법 내용을 확인하면서 어떤 문제 유형이 출제되는지 살펴보겠습니다.

1. 하나의 문장에는 반드시 주어+동사가 나온다.

◇ **Corporate profits and executive salaries are** surging while workers are having difficulty just making ends meet.

> [해석] 기업 이윤과 경영진의 급여가 급등하고 있다 반면에 근로자들은 수지 계산을 맞추는데 어려움을 겪고 있다.
>
> [해설] Corporate profits and executive salaries (주어) are(동사) while(접속사+주어+동사)
>
> [어휘] **corporate** 기업   **profit** 이윤   **executive** 경영진   **surge** 급등하다
>
> **while** 반면에   **difficult** 어려운   **making ends meet** 수지 계산을 맞추다.

◇ **Teachers need** continuing support and training as **they begin** using computers in their everyday classroom activities.

> [해석] 선생님들은 그들의 일상적인 수업 활동으로 컴퓨터를 사용하기 시작할 때 계속적인 지지와 훈련을 도와주어야 한다.
>
> [해설] Teachers(주어) + need(동사) as(접속사) they(주어)+begin(동사)
>
> [어휘] **need** 필요로 하다   **continue** 계속하다   **as** ~할 때   **activity** 활동

2. 주어(목적어)로 출제된다.

① 주어(목적어)가 되는 것 : 명사 대명사 to+동사원형 ~ing(동명사) 명사절
(that=+S+V)

◇ If there is one thing that everybody wants **to get** it is success. **To be successful** does not mean to get riches honor and power. It is to achieve what one truly desires.

[해석] 누구나 얻고 싶은 것이 하나 있다고 하면 그것은 바로 성공이다. 성공한다는 것은 부나 명예 권력을 얻는 것을 의미하지는 않는다. 그것은 자신이 진정으로 원하는 것을 성취하는 것이다.

[해설] want 타동사로 뒤에 to get (to+동사원형)가 목적어로 나온다.
To be successful (To+동사원형)이 주어로 나온다.

[어휘] **success** 성공   **honor** 명예   **power** 권력   **achieve** 성취하다
desire 갈망하다,바라다

3. be동사 appear remain become look seem 뒤에는 보어를 묻는 문제로 반드시 형용사 상당어구가 온다.

① 형용사 명사 to+ root ~ing(현재분사) ~pp(과거분사) 명사절(that =의문사+S+V)

◇ The simplest way to understand how a jet engine works **is to watch** air escaping from a balloon. As the air escapes it creates a back pressure that pushes the balloon forward. In a jet engine the effect is the same.

[해석] 제트 엔진이 어떻게 가동되는지를 이해하는 가장 쉬운 방법은 공기가 풍선에서 빠져 나가는 것을 관찰하는 것이다. 공기가 빠져나가면서 풍선을 앞으로 밀어 나가게 하는 후방의 압력이 생긴다. 제트엔진에서도 그 효능(작용하는 힘)은 마찬가지다.

[해설] is 뒤에 보어로 to+ watch (to+동사원형)가 목적어로 나온다.

[어휘] **simple** 간단한   **understand** 이해하다   **work** 작동 가동
escape 빠져나가다,탈출하다   **create** 창조하다   **back pressure** 후방 압력
forward 앞으로   **same** 같은

4. 5형식(**시키다** 의 뜻을 내포하는 동사 다음 목적격보어는 반드시 **to**가 나온다.)

① **5형식 동사: (시키다 명령하다 허락하다) + 목적어 + to+동사원형(목적격 보어)**

allow	permit	enable	want	encourage	require	request	ask

◇ Our long experience in the book business has enabled us **to provide** the best customer service possible.

[해석] 출판업계의 가장 오랜 경험은 우리에게 최상의 고객 서비스를 가능한 제공하는 것이다.

[해설] enabled +목적어+ to+동사원형

[어휘] **experience** 경험　　**enable** ~가능하게 하다　　**customer** 고객　　**possible** 가능한

5. **사역동사+ 목적어+ 목적격보어**

① 사역동사: have make let +목적어+ 목적격보어는 **동사원형**이 온다.

◇ "I"d like to **have** someone **tend** the store for me" said my father to my mother. "Uncle John has retired from business and he's taking his ease He"s the only one we can trust isn"t he?" "Yes" she said. "But can you get him to do it?"

[해석] "나는 누군가에게 내 대신 가게를 보도록 하고 싶소" 아버지가 어머니에게 말했다." 존 삼촌이 은퇴하여 쉬고 있소. 삼촌은 우리가 믿을 수 있는 유일한 사람이 아니오?" "네 그래요." 어머니가 말했다. "하지만 당신은 삼촌이 그것을 하도록 할 수 있겠어요?"

[해설] have는 사역으로 목적어(someone) +목적격보어(tend) 동사원형으로 이루어진다.

[어휘] **tend** ~하는 경향이 있다.　　**retire** 은퇴　　**take one"s ease** 쉬다

　　　　get ~을 하게 하다.

16

1. The _____ of the city"s mayor will be held in November 5

(A) elects   (B) electable   **(C) election**   (D) elected

[정답] C

[해석] 시장의 선거는 11월5일 개최될 것이다.

[해설] 동사 will be 앞에 주어로 명사가 온다.

[어휘] mayor 시장   **hold-held-held** 개최되다

2. The venue"s decorations were _____ but the lighting was too dim.

(A) attractively   (B) attract   **(C) attractive**   (D) attraction

[정답] C

[해석] 경기장의 장치가 매력적이지만 형광등이 어둡다.

[해설] were be 동사 뒤에 오는 품사는 형용사이다.

[어휘] venue 회의장 경기장   **decoration** 장식 장치   **lighting** 형광등   **dim** 어두운

3. Mr. Kim will provide _____ based on his findings during the inspection.

(A) recommended   (B) recommendations   (C) recommend   (D) recommends

[정답] B

[해석] Mr. Kim은 검사 동안 발견에 근거에 추천을 제공해주었다.

[해설] provide는 타동사 뒤에 목적어로 recommendations 명사가 온다.

[어휘] provide 제공하다   **recommendation** 추천   **based** ~에 기초한

       inspection 점검

4. Our long experience in the book business has **enabled** us _____ the best customer service possible.

(A) providing　　(B) to provide　　(C) should provide　　(D) to have provided

[정답] B

[해석] 예약부서에서 오랫동안 경험한 것이 우리에게 최상의 고객 서비스를 제공해 주었다.

[해설] 5형식 동사 enable이 온면 뒤에는 목적격이 나온다. enable+목적어+to+동사원형

5. Please anything be wrong please **let** me _____ immediately so we can make it right.

(A) to know　　(B) knew　　(C) know　　(D) to have known

[정답] C

[해석] 제발 잘못된 것을 하지 말라. 우리가 좋은 일을 즉각 할 수 있게 해주세요.

[해설] let사역동사로 동사원형이 목적격으로 나온다.

[어휘] immediately 즉시　　**wrong** 잘못된

정리하기

1. 하나의 문장은 주어(S)+동사(V)+단어 묶음(구)로 구성되어 있습니다.

2. 주어(목적어)가 되는 것으로 명사 대명사 to+동사원형 ~ing(동명사) 명사절(that+ S+V) 등이 될 수 있습니다. **주어를 묻는 문제가** 자주 출제됩니다.

3. 보어(보충어)가 되는 것으로 형용사 명사 to+동사원형 ~ing ~pp(분사형용사)

4. 명사절(that+S+V)이 있는데 **be동사 뒤에 형용사**를 묻는 문제가 자주 출제됩니다.

5. 5형식동사(**allow, want, ask, enable, encourage, permit**) +목적어+목적격보어(to+ 동사원형)이 자주 출제됩니다.

부정사

to부정사를 학습하기 전에 준동사의 개념을 먼저 알아볼까요? 준동사는 동사에서 비롯되었으나 문장 내에서 명사 형용사 부사 등 동사가 다른 품사로 쓰이는 문장 성분을 뜻합니다. 동사에 준하다는 뜻으로 준동사로 불러요.

1. 부정사의 명사적 용법

① 주어로서

◇ **To arrange** the meetings was difficult for me. [to부정사]

[해석] 회의를 정하는 것은 나에게 어려웠다.

[해설] To arrange the meetings(주어) was(동사) difficult(형용사=보어) for me(부사구)

[어휘] **arrange** 정리하다,배열하다   **difficult** 어려운

② 목적어로서 ✱ TOEIC은 타동사 뒤에 to +부정사를 묻는 문제 유형이 출제된다.

◇ He promised **to phone** me. [to부정사]

[해석] 그는 내게 전화하겠다고 약속했다.

[해설] promise(약속하다) 타동사이므로 뒤에 목적어가 나와야 한다. 그런데 phone(전화하다)동사이므로 목적어가 되기 위해서는 phone 앞에 to를 넣어 목적어를 만들 수 있다. me는 phone의 목적어이다.

◇ Dreams company wants **to** (**reduce** /reducing) its expenses by ordering cheaper ingredients from a supplier.

[해석] Dreams회사는 다른 공급업체로부터 더 싼 재료를 주문함으로써 비용을 줄이기를 원한다.

[해설] want는 타동사 이므로 뒤에 목적격이 나와야 한다. Want 뒤에 to가 있기 때문에 목적 어로 동사원형이 온다.

[어휘] **reduce** 줄이다   **expense** 비용 경비   **ingredient** (음식)재료   **supplier**(공급업체)

19

③ 보어로서

　◇ He allowed me **to** (**do** /doing) so.

　　[해석] 그는 내가 그렇게 하도록 허락했다.

　　[해설] allow(허락하다 시키다 동사) 5형식 동사 뒤에 목적어 me가 나오고 목적격보어로 to+부정사 가 나온다.

　　✽ **TOEIC은 타동사(want enable ask permit encourage persuade 뒤에 +목적어+ to+부정사를 묻는 문제 유형이 출제된다.**

　◇ Mr. Kim asked the personnel manager (**to prepare**/ preparing) for job fair.

　　[해석] Mr. Kim 인사과장에게 취업 박람회를 준비할 것을 요청했다.

　　[해설] asked동사 뒤에는 목적어(the personnel manager)가 나오고 목적격보어로 to+부정사 가 목적격 보어로 나와야 한다.

　　[어휘] **the personnel manager** 인사과장　　**job fair** 취업 박람회

2. 부정사의 형용사 용법

① 명사수식 (명사 뒤에 위치해서 앞에 나온 명사를 수식한다. **~할 하는)**

　◇ I have no friend (**to help**/ helping) me with my science homework.

　　[해석] 나는 나의 과학 숙제를 도와줄 친구가 없다.

　　[해설] to help가 뒤에서 앞의 명사 friend를 수식한다.

3. 부정사의 부사적용법

① 목적(~하기 위해)을 나타내거나 원인이나 이유(~하게 되어 ~하다니) 조건(~한다면) 등을 나타낸다.

　◇ He works hard **to pass** the exam.

　　[해석] 그는 시험에 합격하기 위해서 열심히 공부했다.

　　[해설] to pass가 동사 works를 수식하면서 '~통과하기 위해 뜻으로 쓰인다.

◇ He works hard so that he may pass the exam.

= He works hard in order to(=so as to) pass the exam.

= He works hard enough to pass the exam.

◇ cf- He is so young that he cannot solve the problem.

= He is too young to solve the problem.

※ TOEIC은 in order to+동사원형 too~ to+동사원형을 묻는 문제 유형이 출제된다.

4. 가주어 : 주어를 대신하는 it

① To check the weather forecast is important. 이 문장에서 주어는 To check the weather forecast이고 동사는 is 이다. to부정사의 길이가 긴 경우 어디까지 주어인지 구 분하기 힘들고 문장의 균형도 깨지기 때문에 이때 가주어 it을 쓰고 주어 부분을 뒤로 보낸다.

→ It is important to check the weather forecast.

※ TOEIC에서 It is [necessary important difficult impossible essential] to+동사원형 유형이 출제된다.

◇ It is necessary to (**promote** / promoting) energy conservation.

[해석] 에너지 절약을 홍보하는 것이 필요하다.

[해설] necessary 형용사 뒤에 to+ 동사원형이 온다.

1. 명사적 용법 (~하는 것 ~하기)

① 주어

◇ **To succeed in job** is not easy.

[해석] 직업에서 성공하는 것은 쉽지 않다.

② 목적어

◇ I want **to help a friend**.

[해석] 나는 친구를 돕기를 원한다.

③ 주격보어

◇ My job is **to install computer program.**

[해석] 내 일은 컴퓨터 프로그램을 설치하는 것이다.

④ 목적격보어

◇ I encouraged him **to change** his mind.

[해석] 나는 그에게 그의 생각을 바꿀 것을 권했다.

2. 형용사적 용법 (~할 ~하는)

◇ He found a charity **to help**. 그는 도울 자선 단체를 찾았다.

[설명] find-found-found charity 자선단체 to help ~을 도울

3. 부사적용법 (~하기 위해 ~하게 되어 ~한다면 ~하다니)

◇ He tried hard **to pass** the exam.

[해석] 나는 그 시험을 통과하기 위해서 열심히 노력했다.

4. 주어를 대신하는 가주어 it

◇ It is important for job applicants (**to include** / including) all their qualifications on their resume.

[해석] 구직 신청자들은 이력서에 모든 자격요건을 포함시키는 것이 중요하다.

[해설] 가주어 It이 나오고 be동사 뒤에 중요하다는 important가 나오면 TOEIC에서는 to+동 사 원형이 나와야 한다.

[어휘] **job applicant** 구직신청자　**include** 포함하다　**qualification** 자격　**resume** 이력서

유형분석

TOEIC 기초 역량을 쌓기 위해 지금까지 부정사의 핵심적인 내용을 이해하셨다고 생각됩니다. 지금부터는 앞에서 배운 문법 내용을 확인하면서 문제 유형으로 어떤 문제 유형이 출제되는지 살펴보겠습니다.

1. 동사가 명사기능(주어)을 하는 것이 출제된다.

✳ **to access your online account please enter your user name and password.**

[해석] 귀하의 온라인 계정에 접속하시려면 사용자 이름과 패스워드를 입력해 주세요.

[해설] access 접속하다 의 뜻을 가진 동사로써 주어로 쓰지 못한다. 앞에 to를 써서 주어로 만들어준다.

[어휘] **access** 접속하다,이용하다　**online account** 온라인 계정

2. 동사가 명사기능(목적어)로 출제된다.

✳ **we hope to advertise our product range in a popular weekly magazine.**

[해석] 우리는 유명한 주간지에 우리 제품 군을 광고하기를 원한다.

[해설] advertise는 our product range를 목적어로 받는다.

[어휘] **advertise** 광고하다　**advertisement** 광고　**product range** 제품 군　**weekly** 주간

23

3. 동사가 명사기능(보어)로 출제된다.

✳ **The goal is to resolve the problems affecting our production line.**

　　[해석] 목표는 우리 생산 라인에 영향을 주는 문제들을 해결하는 것이다.

　　[해설] is가 동사이므로 보어가 들어갈 자리이다.

　　[어휘] **goal** 목표　　**resolve** 해결하다　　**affect** 영향을 주다　　**production line** 생산라인

4. 형용사나 명사 뒤에서 to+동사원형이 앞의 형용사나 명사를 수식한다.

　◇ The world is a pleasant place to live in /as soon as we accept the fact / that other people have a right to live / as well as ourselves.

　　[해석] 우리 자신들 뿐 아니라 다른 사람도 함께 살 권리가 있다는 사실을 받아들이는 순간 이 세상은 살기 좋은 곳이 된다.

　　[해설] place와 right 장소 명사 뒤에 와서 place를 수식한다.

　　[어휘] **pleasant** 즐거운　　**as soon as** ~하자마자　　**accept** 받아들이다　　**fact** 사실

5. to+부정사가 부사적 역할을 하는 문제가 출제된다.

✳ **The marketing department must work late in order to meet the deadline.**

　　[해석] 마케팅 부서는 마감을 맞추기 위해 야근해야 한다.

　　[해설] in order to +동사원형 부사적용법으로 ~하기 위해서

　　[어휘] **meet the deadline** 마감을 맞추다

6. 중요성 필요성을 가지고 있는 형용사는 It is 형용사 + to+동사원형으로 출제된다.

✳ **It is necessary for you to eat fresh fruit and vegetables.**

　　[해석] 당신은 신선한 과일과 야채를 먹는 것이 필요하다.

　　[해설] 필요성을 나타내는 necessary가 나오면 뒤에 to+동사원형이 온다.

문법 문제는 총 30문제로 구성되어 있는데 그 중 평균 8~9문제가 어휘로 출제됩니다. 어휘는 business와 관련하여 출제되기 때문에 필요한 단어만 숙지하시면 됩니다.

[풀이방법] 우선 선택지에 나와 있는 단어를 살펴봅니다. 이 단어를 가지고 문제로 나온 단어들과 상관성을 찾습니다.

1. The manager inspected the _____ in the factory and replaced some of its parts.
   (A) procedure　　　(B) innovation　　　(C) construction　　　(D) equipment

　　[정답] D
　　[해석] 관리자는 공장의 장비를 점검하고 나서 일부 부품을 교체했다.
　　[해설] 점검을 받고 (inspected) 부품(parts)을 교체(replace)할 수 있는 것은 선택지에서 장비 (equipment) 뿐이다.
　　[어휘] **procedure** 절차 순서　**innovation** 혁신　**construction** 공사　**equipment** 장비
　　　　　inspect 점검하다　**replace** 교체/대체하다　**part** 부품

1. Mr. Kim wants to _____ her office hours in order to spend more time with him children.

(A) adjustment   (B) adjusting   **(C)** adjust   (D) adjusts

[정답] C

[해석] Mr. Kim은 자녀들과 더 많은 시간을 보내기 위해 근무시간을 조정하길 원한다.

[해설] want의 목적어로 to+동사원형이 나와야 한다.

[어휘] **office hours** 근무시간   **spend** 보내다   **adjustment** 조정   **adjust** 조정하다

2. The restaurant asks customers _____ their business cards into a box located on the service counter.

(A) is dropping   (B) drop   **(C)** to drop   (D) dropped

[정답] **C**

[해석] 식당은 고객들에게 서비스 카운터 위에 위치한 상자에 그들의 명함을 넣도록 요청한다.

[해설] ask 뒤에 목적어 customers 가 왔고 뒤에는 목적격보어로 to+동사원형이 온다.

[어휘] **business card** 명함   **located** 위치한   customer 고객

3. It is essential for sales managers _____ the daily figures to the head office.

(A) send   (B) is sending   (C) will send   (D) to send

[정답] D

[해석] 영업 부장들이 일일(판매) 수치를 본사에 보내는 것은 필수적이다.

[해설] It is essential 문장을 봐서 가주어-진주어 문제이다 진주어가 될 수 있는 D가 정답

[어휘] **essential** 필수적인   **daily** 매일의   **figure** 수치   **head office** 본사

4. Mr. Kim received an invitation _____ the 12th Annual Green Planet
   Convention next month.

   (A) is attending   (B) attended   (C) to attend   (D) attend

   [정답] C
   [해석] Mr. Kim는 다음 달에 열리는지 12차 연례 녹색 지구 총회에 참석 해 달라는 초대
   장을 받았다.
   [해설] 뒤에서 앞에 명사를 수식해주는 to+동사가 나와야 한다. 부정사의 형용사적 용법
   [어휘] invitation 초대장   **attend** 참석하다   **annual** 연례의   **convention** 총회

5. CCTV cameras have been set up for _____ reasons in the neighborhood.

   (A) security   (B) indicator   (C) recognition   (D) diversity

   [정답] A
   [해석] CCTV cameras는 인근 지역에서 보안 이유로 설치되었다.
   [해설] CCTV set up 설치 reasons 이유 등 단어들과 상관되는 단어는 보안이다.
   [어휘] security 보안   **indicator** 지표   **recognition** 인정   **diversity** 다양성

정리하기

1.   부정사는 to+동사원형을 가지고 주어 목적어 보어를 만들어 쓸 수 있습니다.
2.   부정사는 후치수식의 기능을 가지고 뒤에서 앞의 명사를 수식할 수 있습니다.
     He found a charity to help. <to help가 앞에 명사를 수식하여 도와줄 자선단체
     [해석] 그는 도와줄 자선단체를 찾는다.
     부사적용법은 (~하기 위해 ~하게 되어 ~한다면 ~하다니) 목적표시가 자주 출제되니 이
     부분만 잘 기억해 두시면 됩니다.
3.   He tried hard to pass the exam.
     [해석] 그는 시험에 합격하기 위해서 열심히 노력했다.

분사

1. 분사의 기본 형태

① 동사원형+~ing 동사원형+~ed 형태가 기본이며 문장 속에서 형용사 역할을 한다.

2. 현재분사 & 과거분사

① 현재분사 능동 (동사원형+~ing) 능동(~하게 하는) 진행(~하고 있는)

　◇ the **developing** countries. : 개발 중인 국가들

　◇ the expert **providing** the estimate : 견적서를 제공하는 전문가

② 과거분사 수동 (~해진 ~당한) 완료(~된)

　◇ the **developed** countries. : 개발된 국가들

　◇ the estimate **provided** by the expert : 전문가에 의해 제공된 견적서

3. 분사의 쓰임

　✱ TOEIC에서 be 동사 뒤에 ~ing ~pp를 묻는 문제 유형이 출제된다.

① 분사는 형용사 역할을 하면서 동사의 성질을 가지고 있기 때문에 뒤에 목적어 보어 수식 어구가 올 수 있다.

　◇ 명사 앞에서 수식(전치수식)

　　◆　A **flying** bird : 날고 있는 새

　◇ 명사를 뒤에서 수식(후치수식)

　　◆　A bird flying in the sky : 하늘을 날고 있는 새

　◇ 주격보어

　　◆　A boy is **confused** : 소년은 혼란스러워진다

　◇ 목적격보어

　　◆　A large group gathered to watch the athletes **practicing**.

　　　[해석] 많은 사람들은 운동선수들이 연습하는 것을 보기 위해 모였다.

28

1. The Lotte Hotel is offering (reduce / **reduced**) rates on all deluxe rooms this month.

   [해석] 롯데 호텔은 이번 달에 모든 디럭스 객실에 대해 할인된 요금을 제공하고 있다.

   [해설] be 동사 뒤 offering이 주격보어 역할을 하고 있는데 offering 타동사이므로 뒤에 목적어로 명사가 나와야 하는데 명사 rates 앞에 수동형인 reduced가 명사 rates를 수식 한다.

   [어휘] reduce 줄이다   **rates** 요금

2. All employees are invited to attend a banquet / (honor / honoring) the company president.

   [해석] 모든 직원이 회사 회장을 축하하는 연회에 참석하도록 요청 받았다.

   [해설] banquet을 뒤에서 후치수식 하는 현재분사 honoring가 와야 한다.

   [어휘] be invited to ~하도록 요청되다.   **banquet** 연회   **honor** 기리다

3. Selling the product will become (challenge / challenging) / when the advertising campaign ends.

   [해석] 광고 활동이 끝나면 제품 판매가 어려워질 것이다.

   [해설] become 뒤에 보어자리이다. 형용사 역할을 하는 현재분사 challenging가 와야 한다.

   [어휘] challenging 도전적인   **advertising campaign** 광고 활동

분사구문

---

1. 분사구문은 부사절<접속사+주어+동사>가 축약되어 문장 앞에 ~ing(능동) ~pp(수동) 형태를 가진다.

2. 분사구문은 문장에서 부사절 역할을 하며 시간 이유 조건 양보 등을 나타낸다.

   ◇ Watching the news I learned about the crisis.

   (=While I was watching the news I learned about the crisis.)

   [해석] 뉴스를 보는 동안에 나는 그 위기에 대해 알게 되었다.

   [해설] 접속사(While)생략하고 앞뒤 주어가 같으므로 I 생략 was의 원형 be에 ~ing 그런 대 뒤에 ~ing ~pp형태가 나오면 being은 생략한다.

   [어휘] crisis 위기

   ◇ As I didn"t know what to do I asked for his advice.

   (= Not knowing what to do I asked for his advice.)

   [해석] 내가 무엇을 할지 몰랐기 때문에 나는 그에게 조언을 요청했다.

   [해설] As접속사 생략 주어 I가 같으므로 생략하고 Not을 문장 앞에 두고 knowing이 분사구문을 이룬다.

   [어휘] what to do ~무엇을 해야 할지   advice 충고 조언

1. 분사

① 현재분사 능동 (동사원형+~ing) 능동(~하게 하는) 진행(~하고 있는)

  ◇ A bird flying in the sky : 하늘을 날고 있는 새

② 과거분사 수동 (~해진 ~당한) 완료(~된)

  ◇ A leave fallen on the ground : 땅에 떨어진 낙엽

    [어휘] **fall-fell-fallen**

2. 분사의 쓰임

분사는 형용사 역할을 하면서 동사의 성질을 가지고 있기 때문에 뒤에 목적어 보어 수식 어구가 올 수 있다.

① 주격보어

  ◇ Mr. Kim" speech is inspiring. : Mr. Kim"의 연설은 고무적이었다.

  ◇ He stand still watching fishing boats sailing out of sight.

    [해석] 그는 어선들이 출항하여 점점 시야에서 벗어나고 있는 것을 바라보면서 가만히 서 있었다.

    [해설] 콤마 뒤에 watching은 and 동사로 해석한다.

    [어휘] stand 서있다 **fishing boats** 어선 **sail** 항해하다 **out of sight** 눈에서 벗어나는

  ✽ TOEIC에서 be 동사 뒤에 ~ing, ~pp를 묻는 문제 유형이 출제된다.

  ✽ 콤마 뒤에 ~ing, ~pp를 묻는 문제 유형이 출제된다.

3. 분사구문은 문장에서 부사절 역할을 하며 시간 이유 조건 양보 등을 나타낸다.

◇ While I was running for the bus I dropped my book.

(= Running for the bus I dropped my book.)

[해석] 내가 버스를 타려고 뛰어가는 동안 내 책을 떨어뜨렸다.

[해설] 주어가 I 이므로 능동형분사 Running이 나온다.

✱ **TOEIC은 문장 앞에 ~ing(능동) or ~pp(수동)를 묻는 유형이 출제된다.**

뒤에 나오는 주어를 보고 결정한다.

영어 기초 역량을 쌓기 위해 지금까지 분사 문법의 핵심적인 내용을 이해하셨다고 생각됩니다. 지금부터는 앞에서 배운 문법 내용을 확인하면서 어떤 문제 유형이 출제되는지 살펴보겠습니다.

1. be동사 뒤에 ~ing(능동) ~pp(수동)을 묻는 문제 유형이 출제된다.

◇ Seating in the main auditorium is **limited** to 120 attendees so you should book your seminar tickets as soon as possible.

[해석] 대강당의 좌석은 120명의 참석자로 한정되어 있으므로 가능한 빨리 세미나 입장권을 예약해야 한다.

[해설] be동사=is 뒤에 분사 형용사를 묻는 문제 유형이다. 좌석(seating)이 한정되어 있다라는 뜻이 나와야 한다.

[어휘] **seating** 좌석   **main auditorium** 대강당   **limited** 한정된   **attendee** 참석자

2. ~ing(능동) ~pp(수동)이 명사 앞뒤에서 수식한다.

◇ The company aims to produce targeted advertisements that will appeal to its customers.

[해석] 회사는 고객들의 관심을 끌 만한 표적화 된 광고 제작을 목표로 하고 있다.

[해설] targeted가 advertisement를 수식하여 표적화 된 대상이 된다.

[어휘] **aim to** ~하는 것을 목표로 하다.   **produce** 만들다   **target** 표적으로 삼다.   **advertisement** 광고   **appeal to** ~에 호소하다

◇ Management is considering holding training sessions focusing on customer service skills.

[해석] 경영진은 고객 응대 기술에 초점을 둔 연수를 개최할 것을 고려 중이다.

[해설] focusing이 앞의 명사 training sessions(연수)를 뒤에서 수식한다.

[어휘] **management** 경영진   **focus on** ~에 초점을 두다   **training sessions** 연수

3. 문장 중간에 콤마가 나오고 ~ing ~pp형태가 나온다.

◇ **Unfortunately the exercise machine was shipped without some vital parts making it useless.**

[해석] 유감스럽게도 그 운동기구는 일부 중요한 부품들이 빠진 채 배송되었는데 그렇게 되면 그 가구는 무용지물이 된다.

[해설] 콤마 뒤에 making이 오고 뒤에 it을 목적어로 취하려면 현재분사가 들어가야 한다.

[어휘] unfortunately 유감스럽게도　**ship** 운송하다　**vital** 필수적인　**parts** 부품
　　　　useless 쓸모 없는

4. 문장 앞에 ~ing ~pp가 나오면 뒤에 주어를 보고 능동이면(~ing) 수동이면(~pp)를 쓴다.

◇ **Instructed** to work over the weekend the project team was able to finish the proposal before the deadline.

[해석] 주말 동안 일하는 지시를 받았기 때문에 그 프로젝트는 기한 전에 제안서를 끝낼 수 있다.

[해설] 주어 the project team이 일하라는 지시를 받는 것이므로 수동 instructed가 온다.

1. 어휘 문제는 우선 선택지를 먼저 살펴보고 이런 단어들을 문제로 나온 문장의 단어들과 잘 조합이 되는지를 살펴 답을 고른다.

① Following the merger with Chinese firm we experienced _____ growth in Asian markets.

(A) complete   (B) significant   (C) correct   (D) approximate

[해석] 중국 기업과의 합병 후에 우리는 아시아 시장에서 상당한 성장을 보았다.

[해설] growth(성장) 이라는 말과 어울리는 것은 상당한(signification)이다.

2. Part 6에서 어휘 문제는 앞 문장이나 뒤 문장에 있는 어휘와 관련이 있는 경우 정답이다.

① I would like to talk to you about the issue that we discussed last week. Please let me know if you are available to _____ with me anytime.

(A) speak   (B) prolong   (C) reduce   (D) situate

[해석] 우리가 지난주에 논의한 사안에 관해 당신에게 이야기해 주고 싶습니다.
저와 이야기 하기에 가능한 시간이 있으신 지 언제든지 알려주세요.

[해설] 앞 문장에 제시된 동사 talk(이야기하다)가 단서가 되어 그와 의미가 비슷한 (A) (speak)가 정답이다.

1. E-mail is the means _____ of communication for many people nowadays.

(A) preference   (B) prefer   (C) preferring

(D) preferred

[정답] D

[해석] E-mail 요즘 많은 사람들이 선호하는 의사소통 수단입니다.

[해설] means를 수식하는 분사 형용사가 와야 한다. 뒤에 명사 means of communication (의사 소통 수단) 명사가 나왔고 선호되는 대상 이므로 과거분사를 써야 한다.

[어휘] **means** 수단   **communication** 의사소통 대화

2. _____ the product packaging be sure to use bold colors and an attractive design.

(A) designing   (B) designer   (C) design   (D) designs

[정답] A

[해석] 제품 포장을 디자인 할 때는 반드시 선명한 색상과 멋진 디자인을 사용하라.

[해설] 주절이 동사원형(be)으로 시작하는 명령문이므로 주어 you라는 주어가 생략되어 있다. you가 design이라는 동사의 주체가 되므로 능동 분사 형용사(~ing)가 온다.

[어휘] **packaging** 포장   **be sure to**~ 반드시~하다   **bold** 과감한   **attractive** 매력적인

3. When storing a bottle containing a chemical please make sure the cap is _____ before placing it in the cabinet.

(A) securing   (B) secured   (C) security   (D) securely

[정답] B

[해석] 화학물질을 담은 병을 보관할 때는 캐비닛에 넣기 전에 뚜껑이 꽉 닫혀 있는지 반드시 확인하세요.

[해설] be(is)동사 뒤에 보어가 들어간다. 뚜껑이 단단히 닫힌 뜻으로 쓰이기 때문에 분사 형용사 중 과거분사가 정답이다.

4. Due to the _____ decline in exports the government has encouraged citizens to buy domestic goods.

(A) strategic   (B) consistent   (C) competitive   (D) enhanced

[정답] B

[해석] 지속적인 수출 감소로 인해 정부는 시민들에게 국산 제품을 더 많이 사도록 장려했다.

[해설] 먼저 선택지 단어 strategic(전략적인) consistent(지속적인) competitive(경쟁적인) enhance(향상된) 단어를 보고 뒤에 나오는 decline(감소)를 수식해 의미가 통하는 것을 골라야 한다. 지속적인 감소가 자연스럽다.

[어휘] decline 감소   **export** 수출   **encourage ~ to**+동사원형 ~을 장려하다   **domestic** 국산의   **goods** 제품 물건

5. We will hold an open house on May 29 for anyone _____ in registering for our classes.

(A) interesting   (B) interested   (C) interest   (D) to interest

[정답] B

[해석] 우리는 강의 등록에 관심 있는 모든 분들을 위해서 5월29일일에 오픈 하우스를 개최 합니다.

[해설] anyone을 수식하는 분사가 와야 한다. 사람은 감정을 갖게 되기 때문에 B가 답

[어휘] held-hold-hold 개최하다   **registering** 등록   **be interested in**~에 관심이 있다.

1. 분사와 분사구문에 대해서 학습했습니다. 분사는 TOEIC 문법 에서는 3가지 유형 으로 출제됩니다.

2. 3가지 출제 유형에 대해서 다시 한 번 강조하겠습니다.

    첫째 뒤에서 명사를 수식해주는 분사 형용사 ~ing(능동)과 ~pp(수동)을 묻는 문 제유형이 있습니다.

    둘째 문장 중간에 콤마가 오고 빈칸에 들어갈 문제로 ~ing(능동)과 ~pp(수동)을 묻는 문제 가 출제됩니다. 거의 80% 이상이 ~ing(능동)으로 답이 나오니까 ~ing 를 답으로 선택하면 됩니다.

    세 번째로 문장 앞에 빈칸을 주고 ~ing(능동)과 ~pp(수동)을 묻는 문제가 출제되 는 데 이때는 콤마 뒤에 나오는 주어에 따라 주어가 능동이면 ~ing 수동이면 ~pp가 정 답으로 나옵니다.

3. 문장 중간에 콤마가 오면 해석은 and 동사로 해석하시면 됩니다.

    Mr. Kim sit quietly at room **watching** how she responses the spider.

    [해석] Mr. Kim은 조용히 방에 있었다. 그리고 어떻게 그녀가 거미에게 반응하는지를 지 켜보았다.

4. 어휘문제는 선택지의 단어를 먼저 살펴보고 문제로 나와 있는 단어들 과의 조합 을 이루어 답을 찾습니다.

동명사

1. 동명사의 기본 형태

① 동사원형+~ing의 명사형태가 된 것을 동명사라고 합니다.

◇ My hobby is collecting a book.

[해석] 나의 취미는 책을 수집하는 것이다.

2. 동명사의 쓰임

① 주어

◇ **Traveling** world is my favorite activity.

[해석] 세계를 여행하는 것은 내가 가장 좋아하는 활동이다.

[어휘] **favorite** 가장 좋아하는   **activity** 활동

② 목적어

◇ I enjoy **traveling** around world.

[해석] 나는 세계를 여행하는 것을 즐긴다.

③ 보어

◇ My main interest is **collecting** stamps.

[해석] 나의 주된 관심사는 우표를 수집하는 것이다.

[해설] be동사 뒤에 분사 형용사(~ing)와 ~ing(동명사) 구분은 **뒤에 목적어**가 나오면 동명사이고 목적어가 없으면 분사 형용사이다.

3. 동명사와 명사 비교

동명사가 문장 안에서 명사 역할을 하긴 하지만 동사 적 성질이 남아 있기 때문에 뒤에 목적어를 취할 수 있다. 그리고 명사 앞에는 한정사(a the) 또는 형용사와(분사 형용사 ~ing ~pp)가 올 수 있다.

◇ (**Attending** / Attendance) **the meeting** is allowed for all men.
　　[해설] 뒤에 the meeting 목적어가 있기 때문에 동명사 Attending이 주어로 나온다.

◇ He checked his passport before **the** (departing / **departure**).
　　[해석] 그는 출발 전에 여권을 확인했다.
　　[해설] the 라는 한정사가 있기 때문에 명사 departure가 나온다.

4. 동명사나 to+부정사를 목적어로 취하는 동사

① to+부정사 (미래적 목적적 뜻을 가진 동사)
　　✳ [**want hope expect decide refuse fail offer plan**]

② 동명사 (과거적 경험적 뜻을 가진 동사)
　　✳ [**finish avoid consider enjoy recommend**]

③ to+부정사 동명사 둘 다 나오는 동사
　　◇ [remember stop forget]
　　　[해설] 해석해 봐서 미래적 목적적이면 to+부정사 과거적 경험적이면 ~ing(동명사)

　　◇ I stopped smoking. / I stopped to smoke.
　　　[해석] 나는 담배를 끊었다. / 나는 담배 피우기 위해 섰다.
　　　[해설] 과거의 경험을 통해서 담배가 나쁘다는 것을 알기 때문에 끊었다.

④ 목적(~하기 위해서)을 넣어 해석한다.
　　✳ **TOEIC에서는 전치사 뒤에는 반드시 동명사(~ing)가 답으로 나온다.**
　　◇ Mr. Kim speaks about (assistance assisting) volunteer organizations in Laos.
　　　[해석] Mr. Kim은 라오스의 자원봉사 단체를 돕는 것에 대해서 이야기했다.

Exercise

1. If you want (pursuing / to purse) a career in journalism do not miss the recruitment event at the Korea Herald.

[해석] 언론계에서 경력을 쌓기를 원한다면 Korea Herald에서 하는 채용 행사를 놓치지 마세요.

[해설] want는 미래적 뜻을 가진 동사이므로 to+부정사를 목적어로 가진다.

[어휘] **pursue** 추구하다   **career** 경력   **journalism** 언론계   **miss** 놓치다
       recruitment 채용

2. The chairman of SamSung Textiles Inc is considering (relocating / to relocate) the main manufacturing facility.

[해석] 삼성 섬유사의 회장은 주요 제조시설을 이전하는 것을 고려하고 있다.

[해설] considering은 뒤에 동명사를 목적어를 취한다.

[어휘] **chairman** 회장   **relocate** 이전하다   **manufacturing facility** 제조시설
       textiles 섬유

3. Star Hotel has chosen to build a convention center as a way of (attracting/ attraction) more business clients.

[해석] 스타호텔은 더 많은 기업 고객을 유치하기 위한 방법으로 켄벤션 센터를 건설하기로 결정했다.

[해설] 전치사 of뒤에 동명사가 목적어로 나온다. attracting은 동사 적 성격이 있기 때문에 뒤에 명사 more business clients가 목적어로 온다.

[어휘] **choose** 선택하다   **attract** 마음을 끌다   **attraction** 끌어당김   **client** 고객

동명사의 관용적 표현

동명사의 관용적 표현은 15개 정도가 있는데 해석과 TOEIC에 잘 나오는 부분만 외워 두시면 됩니다.

1. cannot help ~ing =cannot but 원형 ~하지 않을 수 없다.
2. be worth ~ing ~할 가치가 있다.
3. It is no use ~ing ~해봐야 소용없다
4. be busy ~ing ~하느라 바쁘다

◇ We cannot help (making / to make) some noise as we set up our instruments and equipment.

[해석] 저희가 악기와 장비를 설치할 때 약간의 소음이 날 수 밖에 없습니다.

[해설] cannot help ~ing형태로 나온다.

[어휘] make noise 소음을 내다   **set up** 설치하다   **instrument** 악기   **equipment** 장비

1. 동명사

① 동사원형+~ing의 명사형태가 된 것을 동명사라고 합니다.

◇ My hobby is collecting a book.

[해석] 나의 취미는 책을 수집하는 것이다.

2. 동명사의 쓰임

① 주어

◇ **Traveling** world is my favorite activity.

[해석] 세계를 여행하는 내가 가장 좋아하는 활동이다.

② 목적어

◇ I enjoy **traveling** around world.

[해석] 나는 세계를 여행하는 것을 즐긴다.

③ 보어

◇ My main interest is **collecting** stamps.

[해석] 내 주된 관심은 우표수집이다.

3. 동명사와 명사 비교

① 동명사가 문장 안에서 명사 역할을 하긴 하지만 동사 적 성질이 남아 있기 때문에 뒤에 목적어를 취할 수 있다. 그리고 명사 앞에는 한정사(a the) 또는 형용사와(분사 형용사~ing, ~pp)가 올 수 있다.

◇ (**Attending** / Attendance) **the meeting** is allowed for all men.

◇ He checked his passport before **the** (departing / **departure**).

4. 동명사나 to+부정사를 목적어로 취하는 동사

① to+부정사 (미래적 목적적 뜻을 가진 동사)

✱ [want hope expect decide refuse fail offer plan]

② 동명사 (과거적 경험적 뜻을 가진 동사)

✱ [finish avoid consider enjoy recommend]

③ to+부정사 동명사 둘 다 나오는 동사

[remember / stop / forget]

④ ✱ TOEIC에서는 전치사 뒤에는 반드시 동명사(~ing)가 답으로 나온다.

◇ Mr. Kim speaks about (assistance **assisting**) volunteer organizations in Laos.

[해석] 김 씨는 라오스에서 자원봉사 활동 도움에 관해 말하고 있다.

 영작과 TOEIC의 기초 지식을 쌓기 위해 지금까지 동명사 문법의 핵심적인 내용을 이해하셨다고 생각됩니다. TOEIC에서 출제되는 동명사 문제유형으로 어떤 문제 유형이 출제되는지 살펴보겠습니다. 그리 고 동명사는 출제 빈도수가 2~3가지 문제 유형 정도만 있기 때문에 앞선 배운 내용만 잘 기억해 두시면 됩니다.

1. to+부정사 (미래적 목적적 뜻을 가진 동사)문제 유형이 출제된다.

 ✲ [want hope expect decide refuse fail offer plan]

 ◇ If you want to (**pursue** / pursuing) a career in journalism do not miss the recruitment event at the Korea Herald.

 [해석] 언론계에서 경력을 쌓기를 원한다면 코리아 헤럴드에서 하는 채용 행사를 놓치지 마세요.

 [해설] want는 to+부정사가 목적어로 나온다.

 [어휘] pursue 추구하다 **career** 경력 **journalism** 언론계 **miss** 놓치다
  recruitment 채용

2. 동명사 (과거적 경험적 뜻을 가진 동사)문제 유형이 출제된다.

 ✲[finish avoid consider enjoy suggest recommend]

 ◇ For those having difficulties viewing the page we suggest to (close / **closing**) your browsers deleting all temporary internet files and then reloading the page.

 [해석] 웹 페이지를 보는데 어려움을 겪고 있는 사람에게 우리는 웹 브라우저를 닫고 모든 임시 인터넷 파일을 삭제한 후 페이지를 다시 열 것을 제안합니다.

 [해설] suggest(제안하다)는 경험적 동사로 동명사를 목적어로 받는다.

 [어휘] temporary 일시의 **reload** 다시 열다
  having difficulty ~ing ~하는데 어려움을 겪다

3. ✻ TOEIC은 전치사 뒤에는 반드시 동명사(~ing)가 답으로 나온다.

◇ After (**interviewing** / interviewed) the candidates you will decide to whom you would like to offer the position.

[해석] 후보자들을 인터뷰한 당신은 그 위치에 누구를 제안할지 결정할 것입니다.

[해설] 전치사 After 뒤에 동명사가 정답으로 나온다.

[어휘] **candidate** 후보자　**would like to** ~하고 싶다　**position** 위치

4. ✻ TOEIC은 전치사 문제가 자주 출제된다. 전치사는 다 암기할 필요 없이 전치가 가진 뜻만 암기해 두면 해석을 통해 문제를 풀 수 있다.

◇ A welcome cocktail for all participants will be held _____ the Conference Center on Monday 23 April at 18:30.

(A) from　　　(B) in　　　(C) of　　　(D) for

[정답] B

[해석] 환영 칵테일 파티가 4월 23일 월요일 18:30에 컨퍼런스 센터에서 열릴 것입니다.

[해설] ~안에 뜻을 가진 in이 정답이다.

[어휘] **from** ~으로부터　**at** 시간 장소　**for** ~을 위해서　**of** ~의　**participants** 참가자

5. 어휘 문제는 우선 선택지를 먼저 살펴보고 이런 단어들을 문제로 나온 문장의 단어들과 잘 조합이 되는지를 살펴 답을 고른다.

◇ The hotel provides sauna bath massage services indoor all-weather swimming pool and other _____ where you can recover your stretched body after a long day work.

(A) categories　　　(B) facilities　　　(C) qualities　　　(D) activities

[해석] 호텔 측은 당신이 긴 하루의 일과 후 뻣뻣해 진 몸을 회복할 수 있도록 사우나 마사 지 실내 전전 후 수영장과 기타 시설을 제공합니다.

[해설] 밑줄 앞 사우나 마사지 등이 나오고 밑줄 뒤 recover your stretched body 뻣뻣해 진 몸을 회복이란 단어들이 나오기 때문에 facilities(시설)이 정답이다.

[어휘] **all-weather** 전천후의　**stretch** 뻗치다(뻣뻣한)　**after** ~후에

6. Part 6에서 어휘 문제는 앞 문장이나 뒤 문장에 있는 어휘와 관련이 있는 경우 정답이다.

✳ Part 6은 하나의 질문이 4개의 문제로 이루어져 있고 총 16개의 문제로 구성되어 있습니다. 문법1문제와 어휘2문제 글이 들어갈 순서 1문제입니다. 문법은 배우신 대로 해석 하지 말고 풀고 어휘 문제는 앞뒤 단어 구성원들과 관련해서 연결 지으시면 쉽게 접근할 수 있습니다. 글의 순서 넣기는 3문제를 해결한 다음 마지막으로 푸시면 됩니다.

◇ Please read through the packet carefully especially the section in employee expectations. You may have some questions and we want to remind you that company policy and procedure will be _____ in detail at our next company orientation meeting on September.

(A) wanted　　　　(B) comprehended　　　　(C) explained　　　　(D) solved

[해석] 특별히 직원 복지에 관한 부분의 문서를 자세히 읽어보십시오. 당신이 가질 수 있는 질문에 대해서 우리는 9월20일에 있을 회사 오리엔테이션에서 회사의 정책과 규정을 자세히 설명할 것입니다.

[해설] 앞 문장에 제시된 **have some questions(질문에 대해서)**가 단서가 되고 밑줄 뒤 our **next company orientation meeting**. (회사의 정책과 규정)과 잘 어울리는 explained(설명하다)를 정답 explained로 한다.

[어휘] employee expectations 직원복지　　**procedure** 절차 규정　　**section** 부분
　　　　　company policy 회사정책　　**packet** 소포　　**carefully** 주의 깊게　　**especially** 특별히

47

1. We are in the process of _____ an after sales service system to back up our products and sales partners.

(A) establish   (B) established   (C) to establish   (D) establishing

[정답] D

[해석] 우리는 우리의 제품과 판매 사원들을 뒷받침하기 위해 판매 후 서비스 시스템을 수립하고 있습니다.

[해설] 전치사 of는 뒤에 동명사를 목적어로 받는다.

[어휘] backup 뒷받침하다   **establish** 수립하다   **n the process of** ~하는 과정에 있다.

2. Mr. Kim wants to _____ her office hours in order to spend more time with her children.

(A) adjustment   (B) adjusting   (C) adjust   (D) adjusts

[정답] C

[해석] Mr. Kim은 자녀들과 더 많은 시간을 보내기 위해 근무 시간을 조절하기를 원한다.

[해설] want는 미래적 동사로 to adjust를 목적어로 받는다.

[어휘] adjust 조절하다   **office hours** 근무 시간   **adjustment** 조정

3. he real estate export advised us to consider _____ with the homeowner after he noticed some problems with the property.

(A) renegotiate   (B) to renegotiate   (C) renegotiated   (D) renegotiating

[정답] D

[해석] 부동산 전문가는 그 부동산에 몇몇 문제가 있음을 알아차린 후 우리에게 집주인과 의 재조정을 고려해보라고 충고했다.

[해설] consider는 과거적 성격을 가진 동사로 동명사를 목적어로 받는다.

[어휘] real estate 부동산   **expert** 전문가   **property** 재산 부동산
        negotiate 재조정하다

4. California electricity prices were significantly _____ the US average.

(A) across   (B) above   (C) toward   (D) between

[정답] B

[해석] 캘리포니아 전기료는 미국평균을 상당히 넘어간다.

[해설] 전치사 문제로 ~위에 있는(above)가 정답이다. across ~을 가로질러 toward~쪽의로 between ~사이

[어휘] significantly 상당히 두드러지게

5. To make a document useful _____ its readers an editor considers its readability word usage

context style context design and visual integrity.

(A) by   (B) to   (C) with   (D) on

[정답] B

[해석] 서류가 독자들에게 유용하기 위해서 논설위원은 그것의 가독성 단어 용법 문맥 스타일 문맥 디자인 시각적 완전함을 고려한다.

[해설] ~에게 뜻을 가진 to가 정답이다. useful to ~에게 유용한 by~에 의해서 with~ 와 함께 on 접촉 특정한 요일 앞에 온다. (on Sunday)

[어휘] useful 유용한   **editor** 편집자   **readability**가독성   **word usage**단어용법   **integrity** 완전함

정리하기

1. 동명사와 동명사 관용적 용법에 대해서 학습했습니다. 동명사는 TOEIC 문법에서는 3가지 유형으로 출제됩니다. 3가지 출제 유형에 대해서 다시 한 번 강조하겠습니다.

2. **want hope expect** decide refuse fail offer plan 등 **미래나 목적**의 의미를 갖는 동사 다음에 목적어로 to+동사원형을 묻는 유형이 출제되는데 그리 빈도수는 높지 않습니다.

3. **finish avoid consider enjoy suggest** recommend 등 과거적이나 경험적 뜻을 포함하고 있는 동사 뒤에 **~ing(동명사)가 나오는 문제유형이 출제**됩니다.

4. **✱ 전치사 뒤에 동명사를 묻는 문제유형은 매달 출제되고 있으니 반드시 기억하시길 바랍니다.**

   ◇ The workshops focus on encouraging employees to improve their sales skills.
   [해석] 그 워크숍은 직원들이 영업 능력을 향상시키도록 기여하는데 초점을 두고 있다.

5. **전치사 문제는 전치사가 갖고 있는 뜻**을 알고 계시면 문제를 푸는 데 어려움이 없습니다.

in(~안에 후에)	on(특정이나 접촉)	of(~소유)	for(~을 위한)
with(~함께 가지고)	as(~로 써)	across(~을 가로질러)	at(좁은 장소 시간)
between(~사이)	by(~에 의해서)	to(~에게)	through(~을 통해서)
before(~전에)	after(~후에)	beside(~의 옆에)	next to(~옆에)
under(~아래에)	over(~위에)	behind(`뒤에)	around(~의 주변)
during(~동안)	throughout(~동안 내내)	within(~이내에)	until(~까지의)

시제

시제는 동사가 의미하는 내용이 과거 현재 미래 중 어느 시점에 일어난 것인지를 나타 낸다.

1. 시제의 기본 형태

① 단순시제: 과거 현재 미래 각각의 시점을 나타낸다.

◇ I **negotiate** contracts often.

[해석] 나는 자주 계약 협상을 한다.

[해설] negotiate(협상하다) 동사로 현재를 나타낸다. 과거는 ~ed를 붙이는데 e로 끝났기 때문에 d만 붙인다. negotiated 미래는 미래의 뜻을 가진 will을 써서 will negotiate

② 완료시제: 과거부터 현재까지 일어난 시점을 나타낸다. <have+ pp>

◇ I have negotiated contracts for three years.

[해석] 나는 3년 동안 계약 협상을 했다. (과거부터 지금까지 계약에 영향을 줌)

[해설] have negotiated **현재완료** had negotiated **과거완료** (대과거부터 과거까지)

will have negotiated **미래완료** (미래부터 현재까지 시점)을 나타낸다.

③ 진행시제: 일시적으로 진행 중인 일을 나타냄 <be동사+~ing>

◇ I am negotiating contracts now.

[해석] 나는 지금 협상을 하고 있다.

[해설] **과거진행** (was negotiating) **미래진형**(will be negotiating)

현재완료진행 (have been negotiating) **미래완료진행**(will have been negotiating)

형태가 있다.

2. TOEIC 시험에 나오는 시제

① ✱ **ago**을 포함하여 과거를 나타내는 부사나 과거동사가 있으면 정답은 과거동사로 한다.

◇ To prevent accidents the factory (implements / **implemented**) a new set of safety procedures **last month**.

[해석] 사고를 방지하고자 공장은 지난달에 새로운 안전 수칙을 시행했다.

[해설] the factory가 주어이고 다음에 동사가 나와야 한다. last month라는 과거 부사가 있기 때문에 과거동사를 써야 한다.

[어휘] **prevent** 방지하다   **implement** 시행하다   **a set of** 일련의
　　　safety procedure 안전수칙

② ✱ **before** ~전에 : 문장에 **before**가 있으면 반드시 과거완료 나온다.

◇ Lottle Company a furniture retailer (inquired / **had inquired**) about the prices **before** it placed an order.

[해석] 가구 소매업체인 롯데회사는 주문을 하기 전에 가격에 관해 문의했다.

[해설] before 가 나오면 TOEIC은 과거완료가 정답으로 나온다.

③ ✱ **next**~가 있으면 미래시제를 고른다.

◇ By **next** fall the Seoul Art Museum (**will exhibit** / exhibits) both local and national artists.

[해석] 내년 가을 까지는 서울 미술관에서 지역 및 전국의 화가들 둘 다의 작품을 전시할 것이다.

[해설] next fall(내년 가을)이라는 미래를 나타내는 표현이 있으므로 미래시제가 답이다.

[어휘] **exhibit** 전시하다   **local** 지역의   **national** 전국의

④ ✱ **since**(~이래로) 뜻을 가진 **since**+과거시점 표현이 보이면 반드시 현재완료가 나온다.

◇ Since expanding to China Stone Jeans (is considered / **has considered**) opening an Asian headquarters to be essential.

[해석] 중국으로 사업을 확장한 이후로 스톤 진즈사는 아시아 본사를 개설하는 것이 필수적이라고 생각해왔다.

[해설] since가 나오면 반드시 정답은 현재완료(have+ pp)가 된다.

[어휘] expand 확장하다   **headquarters** 본사   **essential** 필수적인

⑤ ✴ **by the time** 등이 문장에 나오면 반드시 미래시제가 나온다.

◇ By the time his next novel is released Mr. Kim (is publishing / **will have published**) five books for young adults.

[해석] 그의 다음 소설이 출판 될 즘에는 Mr. Kim은 젊은 성인들 대상의 책5권을 출간 한 것이 될 것이다.

[해설] by the time이 오면 미래시제가 정답이다. 책이 출간되는 미래 시점까지 완료될 일을 나타내는 미래완료가 적절하다.

3. 미래형 대용

① 시간과 조건의 부사절에서는 현재동사가 미래를 대신한다.

◇ When he (**comes** / will come) back I'll let you know it.

◇ If it (**rains** will rain) tomorrow I'll stay at home.

조동사

▼

조동사는 동사 앞에 와서 시제 역할을 한다. 시제를 나타내면서 뜻을 내포하고 조동사로 can(~할 수 있다) will(~일 것이다) may(~일 지도 모른다) must(~임이 틀림없다) need to (~할 필요가 있다) should(~해야만 한다) 정도만 알고 있으면 됩니다.

1. **✻ can will may must need to... 조동사 뒤에는 반드시 동사원형이 온다.**

   ◇ Individuals can (**choose** / chosen) seats for the performance at the time of purchase.

   [해석] 개인들은 공연 좌석을 표를 구입할 때 선택할 수 있다.

   [해설] can 뒤에는 반드시 동사원형이 온다.

   [어휘] **individual** 개인   **performance** 공연   **at the time of purchase** 표를 구입할 때

   ◇ **✻ The project manager should (completing / complete) the employees" evaluations before the vacation.**

   [해석] 프로젝트 매니저는 휴가 가기 전 직원들의 업무 평가를 마쳐야 한다.

   [해설] 조동사 should 뒤에 동사원형이 온다.

   [어휘] **complete** 완성하다   **evaluation** 평가

2. **Should**

   요구 주장 명령 결정 제안 충고 추천 등 동사 뒤 (=insist require request order demand decide suggest advice recommend)+ **S +should +root로 나온다.**

   ◇ She insisted that she (is / **be**)a chairman.

   [해석] 그녀는 자신이 의장이라고 주장했다.

   [해설] insist 뒤에는 that +주어+(should) +동사원형이 온다.

Exercise

1. Last night all of the staff members from the legal team (work / **worked**) overtime.

[해석] 어젯밤에 법률 팀 직원 모두 야근을 했다.

[해설] last night(어젯밤)이라는 과거부사가 있기 때문에 worked가 와야 한다.

[어휘] **legal team** 법률 팀   **work overtime** 야근을 하다

2. Since last April Mr. Kim (**has commuted** / commuted) to work by bus.

[해석] 지난 4월 이후로 Mr. Kim은 버스로 출퇴근 해왔다.

[해설] since(~이후로 쭉)가 나오면 현재완료(have+ pp)가 정답으로 나와야 한다.

[어휘] **commute** 통근하다

3. The designers will convene when the director (will approve /approvs) the project.

[해석] 디자이너들은 이사가 그 프로젝트를 승인하면 모일 것이다.

[해설] when이 오는 시간의 부사절에서는 현재동사(approves)가 미래 동사를 대신한다.

[어휘] **convene** 모이다 소집하다   **director** 이사   **approve** 승인하다

4.

Over the next couple of weeks the Festival (held / **will hold**) auditions for its newest play.

[해석] 앞으로 2~3주에 걸쳐 페스티벌 극단은 최신 연극에 대해 오디션을 열 것이다.

[해설] Over the next couple(앞을 2~!3주에 걸쳐) 미래를 나타내므로 미래시제가 정답

[어휘] **hold** 개최하다   **audition** 오디션   **newest** 최신의   **play** 연극

5.

Participants should (**divide** / divided) into two groups and take 45 minutes to consider presentations made during the morning session.

[해석] 참가자들은 두 그룹으로 나뉘어져 아침회의 중 만들어진 프레젠테이션에 대해 45분 간 생각할 것입니다.

[해설] 조동사 should 뒤에 동사원형이 온다.

[어휘] **session** 회의   **participation** 참가자   **consider** 생각하다

55

1. 시제

① 단순시제: 과거 현재 미래 각각의 시점을 나타낸다.

② 완료시제: 과거부터 현재까지 일어난 시점을 나타낸다. <have+ pp>

③ 진행시제: 일시적으로 진행 중인 일을 나타냄 <be동사+~ing>

2. TOEIC 시험에 나오는 시제

① ☀ ago을 포함하여 과거를 나타내는 부사나 과거동사가 있으면 정답은 과거동사로 한다.

② ☀ before ~전에 : 문장에 before가 있으면 반드시 과거완료 나온다.

③ ☀ next~가 있으면 미래시제를 고른다.

④ ☀ since(~이래로) 뜻을 가진 since+과거시점 표현이 보이면 반드시 현재완료가 나온다.

⑤ ☀ by the time 등이 문장에 나오면 반드시 미래시제가 나온다.

3. 미래형 대용

① 시간과 조건의 부사절에서는 현재동사가 미래를 대신한다.

4. 조동사 (Auxiliary verbs)

① ☀ can, will, may, must, should, could... 조동사 뒤에는 반드시 동사원형이 온다.

② Should : 요구 주장 명령 결정 제안 충고 추천 등 동사 뒤 (=insist require request order demand decide suggest advice recommend)+ S +should +root로 나온다.

  영어를 공부 하시다 보면 하나의 문장에 문법이 혼합되어 나오는 것을 많이 보셨을 것 입니다. 지금까지 배워온 문법과 관련하여 서로 특정 문법에 관계없이 많이 나오는 문법으로 부사절(시간 조건 때 양보 이유)에 대해 설명을 드렸습니다. 앞에서도 시간과 조건의 부사절에 대해서도 배우셨죠? 부사절(종속절)에 대해 설명하겠습니다. 하나의 문장에는 **주어+동사가 한번으로 나오지만 주어+동사가 2번으로 나올 경우**가 있습니다. 이 부분은 TOEIC 시험에 자주 출제되며 영작을 할 때 많이 사용되니 기억해 두시기 바랍니다..

  ✱ **연결사의 분류(한 문장에 주어+동사가 2번 나오는 경우)는 아래의 형태로 문장으로 구성된다.**

① 접속사 종류
  when / while / if / even if / although / once / as long as / as soon as / now that / after
  ◇ 종속접속사 + 주어+ 동사 주어+ 동사
  ◇ 주어+ 동사 종속접속사 주어+ 동사
  ◇ 전치사 + 명사 주어 + 동사

1. Corporate profits and executive salaries are surging _____ workers are having difficulty just making ends meet.

  (A) also   (B) than   (C) moreover   (D) while

  [정답] D
  [해석] 근로자들은 빚 안 지고 살아가는 데에도 어려움을 가지면 반면 법인 및 중역의 월급 은 급등하고 있다.
  [해설] Corporate profits and executive salaries(주어) + 동사(are) +종속접속사(while) +workers(주어) + 동사(are) 유형이다. **<주어+동사 종속접속사 주어+동사>**
  [어휘] **corporate** 법인   **executive** 중역   **surge** 큰 파도가 일다(급등)하다
         make ends meet 수지를 맞추다 빚 안 지고 살아가다

2. _____ the company has approved the exchange or return items may be returned only after the buyer has first contacted the customer service department and sent the item from the local post office.

(A) Even if   (B) However   (C) Therefore   (D) Moreover

[정답] A

[해석] 회사가 교환과 반품을 허가하였더라도 상품은 구매자가 최초로 고객 서비스 부서에 접촉했을 때에만 반납할 수 있고 상품은 지역 우체국으로 보내져야만 합니다.

[해설] 종속접속사 + the company(주어) +approved(동사) items(주어)+may be(동사)형태로 나와야 한다. <종속접속사+주어+동사 주어+동사>

[어휘] **approve** 승인하다   **department** 부서   **however** 그러나   **therefore** 그러므로

3. _____ celebration of the 10th year of jazz city guest artists from around the nation will appear with the local musicians.

(A) At   (B) In   (C) Of   (D) From

[정답] B

[해석] 재즈 도시 10주년을 축하하며 전국에서 오신 내빈 예술가 분들은 지역 음악가들과 함께 나타날 것입니다.

[해설] <전치사+명사 주어+동사> 유형으로 전치사(In) +celebration of the 10th year of jazz city(명사) +guest artists from around the nation (주어)+ will appear(동사)로 나온다.

[어휘] **celebration** 축하   **in**~안에   **from**~로부터   **of** ~의   **at**~좁은 장소 시간

1. 어휘 문제는 우선 선택지를 먼저 살펴보고 이런 단어들을 문제로 나온 문장의 단어들과 잘 조합이 되는지를 살펴 답을 고른다.

1. Hyun Dae Company attracts customers by offering _____ rates.

(A) protective   (B) excessive   (C) reflective   (D) competitive

[정답] D

[해석] 현대회사는 경쟁력 있는 가격을 제시함으로써 고객을 유치한다.

[해설] 고객을 유치하기 위한 방법이므로 가격(rates)이 경쟁력이 있다는 말이 나온다.

[어휘] **attract** 매력을 끌다 **offer** 제공하다 **protective** 보호적인 **excessive** 지나친
reflective 반사적인 **competitive** 경쟁력 있는

2. Part 6에서 어휘 문제는 앞 문장이나 뒤 문장에서 관련성을 찾고 접속부사(연결어) 문제는 밑줄 뒤에 단서를 찾는다.

※ PART 6 연결어(접속사 접속부사) 문제 유형에 대해서 설명해 드리겠습니다.

① As a token of our ___1___ please accept the enclosed $ 100 gift certificate with which you will be able to purchase any $ 100 item in our store for free. All you have to do is just present the coupon to the cashier. ___2___ please be aware that the coupon is valid for only one month from the day of issue.

1. (A) appreciation (B) concern (C) expectation (D) anxiety
2. (A) Therefore (B) However (C) If so (D) For

[해석] 1 감사의 표시로 동봉된 100달러 상당의 상품권을 받아주십시오. 이 쿠폰으로 저희 슈퍼마켓에서 100달러치의 상품이라면 어떤 것이든 무료로 구매할 수 있습니다. 그저 계산대에서 쿠폰을 제시하기만 하면 됩니다. **2**. 하지만 쿠폰은 발행일로부터 한 달 동안만 유효함을 유념해주세요.

[해설] 1 감사의 표시로(As a token of our appreciation) 상품권을 받아 달라(accept the enclosed $ 100 gift certificate)로 연결된다. **2** 그저 계산대에서 쿠폰을 제시하시면 됩니다..(just present the coupon to the cashier)와 발행일로부터 한 달 동안만 유효(be aware that the coupon is valid for only one month from the day of issue.)하다 것은 앞 뒤 문장이 반대된 내용을 이끄는 However가 나와야 한다.

[어휘] **appreciation** 감사 **concern** 염려 **expectation** 기대 **anxiety** 근심
gift certificate 상품권 **purchase** 구입하다 **aware** 유념하다(알다)
valid 유효한

1. To be effective in a technical world law enforcement agencies must _____ contacts with other investigators share information support prosecutions for crimes committed without regard to geography.

(A) establish   (B) established   (C) to establish   (D) establishing

[정답] A

[해석] 엄밀한 법 해석에 의한 세상에서 효력이 있으려면 법 집행 기관은 다른 수사관들과 교섭하고 정보를 공유하여 지리학적 측면에 상관없이 저지른 범죄에 대한 기소를 도와야 한다.

[해설] 조동사 뒤에는 반드시 동사원형이 온다.

[어휘] **effective** 효과적인   **enforcement** 집행   **prosecution** 기소 고발

2. Before the meeting ended the two parties _____ an agreement.

(A) reach   (B) reached   (C) had reached   (D) has reached

[정답] C

[해석] 회의가 끝나기 전에 두 관계자들은 합의에 도달했다.

[해설] before가 있고 시제를 물어보는 문제는 무조건 had+ pp가 정답이다. 또한 이 문제는 Before the meeting(전치사+명사) 주어(the two parties) +동사(had reached) 접속사를 묻는 문제유형이기도 하다. <전치사+명사 주어+동사)

[어휘] **agreement** 동의 합의

3. Mr. Kim _____ the order at the beginning of next week.

(A) confirmed   (B) confirms   (C) have confirmed   (D) will confirm

[정답] D

[해석] Mr. Kim은 다음 주 초에 주문을 확인할 것이다.

[해설] next week가 나오면 미래시제가 정답이다.

[어휘] **confirm** 확인하다

4. _____ the service was excellent and the atmosphere was fun the food leaves much to be desired.

(A) However   (B) Despite   (C) In spite of   (D) While

[정답] D

[해석] 서비스가 훌륭하고 분위기도 유쾌했던 반면에 음식은 개선이 많이 되어야 한다.

[해설] <종속접속사 주어+동사 주어+동사> 유형이다. While(종속접속사) + the service (주어) +was(동사) the food(주어) + leaves(동사)

[어휘] leave much to be desired 미진한 점이 많다.   **atmosphere** 분위기

5. Because demand has been so high Seven Department Store will _____ its order of Lucky cosmetics by 30 percent.

(A) increases   (B) increase   (C) increased   (D) increasing

[정답] B

[해석] 수요가 매우 높았기 때문에 Seven Department Store는 Lucky화장품의 주문량을 30퍼센트 늘릴 것이다.

[해설] 조동사 will 뒤에 반드시 동사원형이 나와야 한다. <종속접속사 주어+동사 주어+동 사> 형태로도 변형할 수 있는 문제 유형이다.

[어휘] demand 수요/요구하다   **cosmetics** 화장품   **order** 주문

1. * ago을 포함하여 과거를 나타내는 부사나 과거동사가 있으면 정답은 과거동 사로 한다.

   * before ~전에 : 문장에 before가 있으면 반드시 과거완료 나온다.

   * next~가 있으면 미래시제를 고른다.

   * since(~이래로) 뜻을 가진 since+과거시점 표현이 보이면 반드시 현재완료가 나온다.

   * by the time 등이 문장에 나오면 반드시 미래시제가 나온다.

2. * can will may must need to.. 조동사 뒤에는 반드시 동사원형이 온다.

3. *연결사의 분류(한 문장에 주어+동사가 2번 나오는 경우는 아래의 형태로 문장으로 출제된다.

4. **접속사 종류**

② When / while / if / even if / although /h once / as long as / as soon as / now that / / after

   ◇ 종속접속사 + 주어+ 동사 주어+ 동사

   ◇ 주어+ 동사 종속접속사 주어+ 동사

   ◇ 전치사 + 명사 주어 + 동사

수동태

영어에서는 어떤 상황을 말할 때 주어가 어떤 동작을 직접 하는 능동의 문장(능동태)가 있고 주어가 어떤 동작을 당하는 수동의 문장을 수동태라고 한다.

1. 수동태의 형태

① 단순시제의 수동태: 시제에 따라 조금씩 달라지지만 **be+ pp**는 항상 유지된다.

　◇ The newspaper is **published** every week.

　　[해석] 그 신문은 매주 발행된다.

　　[해설] 신문 입장에서 발행되어지는 동작을 당하기 때문에 is published로 쓴다.

② 진행시제의 수동태: be being+ pp

　◇ The trainer is being trained now.

　　[해석] 그 트레이너는 지금 교육 받는 중이다.

　　[해설] 진행되어지는 수동이기 때문에 is being trained를 쓴다.

③ 완료시제의 수동태: have been +pp

　◇ My friend **has been promoted** recently.

　　[해석] 내 친구는 최근에 승진했다.

　　[해설] 승진해서 지금도 계속 이어지고 있기 때문에 현재완료(have+ pp)을 쓰고 승진은 당하는 동작이므로 현재완료 수동(have been promoted)를 쓴다.

2. TOEIC 시험에 나오는 수동태

① ✱어떤 상황을 말할 때 주어가 어떤 동작을 직접 하는 능동의 문장(능동태) 주어 가 어떤 동작을 당하는 수동의 문장(수동태 be+ pp)로 표현한다.

② Special awards are (offering / **b**) to members of the board who have served the company manager by the CEO.

[해석] 10년 넘게 회사에 근무한 이사들에게는 특별상이 수상된다.

[해설] Special awards(특별상)는 수여가 되는 대상이므로 수동태가 정답이다.

[어휘] **award** 상   **offer** 제공하다   **the board** 이사회   **serve** 봉사하다 근무하다

3. 수동태는 현재완료 수동 (=have been +pp) 진행 수동 (=be +being +pp) 형태의수 동태가 시험에 출제된다.

◇ Because the merger (**will** approve / be approved) the labor union wants to discuss contracts.[해석] 합병이 승인되었으므로 노조는 계약에 관해 논의하기를 원하고 있다.

[해설] 주어인 the merger(합병)는 사람들에 의해 승인되는 것이므로 수동태를 쓴다.

[어휘] **merge** 합병   **approve** 승인하다   **labor union** 노조   **contract** 계약

◇ Please try to avoid using the front doors while the sidewalk (is repairing / **is being repaired**).

[해석] 보도가 수리 중인 동안 현관 이용을 피해 주십시오.

[해설] 주어인 sidewalk(보도)가 수리되는 대상 이므로 수동이고 일정기간 동안 진행되는일 이므로 현재진행형 수동태이다.

[어휘] **avoid** ~하는 것을 피하다   **front door** 현관   **sidewalk** 보도   **repair** 수리하다

3. 수동태 문제에서 동사에 괄호나 밑줄 그어진 단어가 있다면 동사가 능동인지 수동인 지는 앞뒤 주어를 보고 능동 수동을 결정한다.

◇ In accordance with the company policy warranties are (**guaranteed** / guaranteeing) with all purchases.

[해석] 회사 규정에 따라 모든 구매 품은 품질 보증서가 보장된다.

[해설] 주어 warranties(품질 보증서)가 회사에 의해 보장 되는 것이므로 수동태가 된다.

[어휘] **in accordance with**~에 따라   **warranty** 품질보증서   **guarantee** 보증하다

4. ✽ 밑줄 그어진 뒤 문장이 **by**로 오면 수동태 문제이다.

　◇ The traffic law was (passing / **passed**) by members of Congress without much
trouble.

　[해석] 교통법은 큰 어려움 없이 국회의원들에 의해 통과되었다.

　[해설] 밑 줄 친 뒤에 by가 있으면 수동태가 정답이다.

　[어휘] member of Congress 국회의원　　**traffic law** 교통법　　**pass** 통과시키다

5. 빈칸 뒤로 목적어가 안 보이면 수동태다.

　◇ The sales manager and his assistant were (**attending** / attended) a conference in
Chicago.

　[해석] 영업 관리자와 그의 점원은 Chicago회의에 참석했다.

　[해설] 수동태는 뒤에 목적어(a conference)가 나오지 않는다.

가정법

사실과 반대되는 상황을 표현할 때 (~할 텐데) 가정해서 표현하는 것을 가정법이라고
한다.

1. ✱ 가정법 과거: 현재 사실을 반대로 가정
  ① If S were (=일반과거동사) .... would (would should could might)+Root

2. ✱ 가정법 과거완료: 과거 사실을 반대로 가정
 ① If S+ had +pp ..... would (should could. would might) have +pp
   ◇ If the machine (is / **were**) capable of producing more units per hour, we might
     install it in our factory.
     [해석] 그 기계가 시간당 더 많은 제품을 생산할 수 있다면 우리 공장에 그것을 설치할 수
     도 있을 텐데.
     [해설] 콤마 뒤에 있는 주절에 (조동사 might+동사원형 install)이 나오므로 if절은 동사
     의 과거동사 were을 쓸 때는 인칭에 관계없이 were를 쓴다.

   ◇ If the distributor offered us more money we (**might accept** / accepted) its request
     to enter into a contract.
     [해석] 유통업체에서 우리에게 더 많은 돈을 제공한다면 계약을 맺겠다는 그곳의 요청 을
     수락할 수 있을 텐데
     [해설] if 절에 동사 과거동사(offered)이 나오므로 가정법 과거이다. 따라서 주절도 가정법
     과거인 (조동사 might+동사원형 accept) 형태가 되어야 한다.

1. Some business trip expenses such as accommodation and transportation, _____ by the company.

(A) reimburse   (B) will be reimbursed   (C) reimbursing   (D) will reimburse

[정답] B

[해석] 숙박 및 교통과 같은 일부 출장 경비는 회사에 의해 상환될 것이다.

[해설] 주어(Some business trip expenses)는 상환되는 것이므로 수동태가 와야 한다. 토익 에서는 밑줄 뒤에 by가 있으면 be동사 +pp가 답으로 나온다.

[어휘] **business trip expenses** 출장경비   **accommodation** 숙박
　　　　transportation 교통

2. If there were better quality control, there _____ fewer complaints about the products.

(A) will be   (B) are   (C) be   (D) would be

[정답] D

[해석] 더 나은 품질 관리가 있다면 제품에 대한 불만이 더 적을 텐데.

[해설] If 절의 동사가 were로 나오면 종속절은 would+동사원형이 나와야 한다.

[어휘] **quality** 품질   **complaint** 불평   **few** 적은

3. If he _____ earlier he would have made a reservation.

(A) knew   (B) had known   (C) was known   (D) were known

[정답] B

[해석] 그가 더 일찍 알았더라면 예약을 했을 텐데.

[해설] 주절이 would have made로 나왔으므로 가정법 과거완료 had made로 나온다.

[어휘] **reservation** 예약

1. ✳ 어떤 상황을 말할 때 주어가 어떤 동작을 직접 하는 능동의 문장(능동태) 주어가 어 떤 동작을 당하는 수동의 문장(수동태 be+ pp)로 표현한다. <be+ pp>가 출제되다.

2. 수동태는 현재완료 수동(=have been +pp) 진행 수동(=be +being +pp)형태의 수동태가 시험에 출제된다.

3. 수동태 문제에서 동사에 괄호나 밑줄 그어진 있으면 동사가 능동인지 수동인지는 앞뒤 주어를 보고 능동 수동을 결정한다.

4. ✳ 밑줄 그어진 뒤 문장이 by로 오면 수동태 문제이다.

5. 빈칸 뒤로 목적어로 명사가 안 보이면 수동태다.

6. ✳ 가정법 과거: 현재 사실을 반대로 가정

   ◇ If S were (=일반과거동사) .... would (would should could might)+Root

7. ✳ 가정법 과거완료: 과거 사실을 반대로 가정

   ◇ If S+ had +pp ..... would (should could. would might) have +pp

모든 사물은 서로 연관성을 가지고 있습니다. 수동태를 배우면서 be동사 뒤에 pp가 나오는 형태를 많이 보았을 것입니다. TOEIC 시험에 자주 나오는 유형을 알려드리겠습니다.

✳ **be동사 뒤에 오는 형용사가 출제된다.**

1. A variety of experience with a broad range of customers technology and suppliers is highly _____.

(A) desire   (B) desires   (C) desirable   (D) desiring

[정답] C

[해석] 다양한 영역의 고객들과 기술 및 제조업자 들과의 여러 경험은 매우 바람직한 것이다.

[해설] is(be) 뒤에 형용사가 나와야 한다. 부사 highly는 형용사 앞에 나온다.

[어휘] **desirable** 바람직한   **a variety of** 다양한   **broad range** 영역

2. Online learning offers a cheap way of transmitting data but it is _____ that the costs of doing any course through the internet have been estimated correctly.

(A) doubt   (B) doubted   (C) doubtful   (D) doubtfully

[정답] C

[해석] 온라인 교육은 자료 전송의 저렴한 방법을 제공하지만 인터넷을 통한 교육 코스의 가격이 적절히 책정되었는지는 의심스럽습니다.

[해설] be동사 뒤에 형용사 doubtful(의심스러운)가 와야 한다.

[어휘] **transmitting** 전송되는   **estimated** 평가된   **correctly** 적절히

3. The Crystal Hotel staff is especially _____ and a buffet of excellent and inexpensive food is available.

(A) befriend   (B) friendly   (C) friends   (D) friendship

[정답] B

[해석] 크리스탈 호텔은 직원들이 매우 친절하고 훌륭한 뷔페와 저렴한 음식을 이용할 수 있습니다.

[해설] be 동사 뒤에 부사(especially)가 나오고 뒤에 형용사(friendly)가 정답으로 나온다.

[어휘] **befriend** ~의 친구가 되다.   **friendly** 명사 뒤에 ly가 오면 형용사가 된다.

✱ 명사 앞에 밑줄이 있으면 반드시 형용사를 묻는 문제이다.

1. Applications only can be processed if all _____ documents will be attached.

(A) necessary   (B) necessity   (C) necessarily   (D) necessitating

[정답] A

[해석] 신청서는 필요한 문서들이 동봉되었을 때만 처리될 것입니다.

[해설] 빈칸 뒤에 명사 documents를 수식하는 형용사가 나와야 한다.

[어휘] **application** 적용 응용   **necessary** 필요한   **attached** 부착된 동봉된

2. A medical error does not necessarily mean there has been negligence if it"s an error that any reasonably _____ physician could have made.

(A) caution   (B) cautious   (C) cautioning   (D) cautiously

[정답] B

[해석] 만약에 의학적인 실수라는 것이 신중한 의사도 저지를 수 있는 것이라면 그것에 반드시 의학적인 태만이 있었다는 것을 의미하는 것은 아니다.

[해설] physician(의사) 앞에는 형용사가 나와야 한다.

[어휘] **negligence** 태만 무관심   **cautious** 주의 깊은

3. School uniforms are fairly _____ for private schools in the United States especially for Catholic schools.

(A) common   (B) even   (C) direct   (D) genuine

[정답] A

[해석] 미국에서 사립학교의 교복은 특별히 가톨릭 학교를 제외하고 공통이다.

[해설] are(be)동사 뒤에 부사가 오고 부사 뒤에 형용사가 오는 문제유형이다.

[어휘] **Catholic** 가톨릭   **private schools** 사립학교   **common** 공통의   **even** 심지어   **direct** 직접의   **genuine** 진짜의

1. Part 6에서 어휘 문제는 앞 문장이나 뒤 문장에서 관련성을 찾고 문법은 배운 것을 바탕으로 푼다. 접속부사(연결어)문제는 밑줄 앞뒤에서 단서를 찾는다. 시간의 순서를 묻는 문제유형은 맨 나중에 푼다.

✳ **Part 6**   4문제 문제 유형에 대해서 설명해 드리겠습니다.

1. I heard that there _____1_____ a pile of unwashed dishes in the sink for the last 2 weeks. If there is no time for you to wash your dirty plates please leave them on your desk until you have the time to wash them. A study _____2_____ that even a couple of dirty plates can encourage everybody to leave their food-stained dishes in the sink too. _____3_____ , when the sink is empty people are more likely to wash their dishes immediately. _____4_____

1. (A) be (B) will be (C) had been (D) is being

2. (A) shows (B) showing (C) show (D) will show

3. (A) If so (B) Consequently (C) However (D) Unfortunately

4. (A) There employees should wash their dishes once they are done with them.

(B) In that case we should purchase all of the dishes immediately.

(C) Furthermore all of you must finish it every day in a timely manner.

(D) Even so the new policy discourages people from washing their hands.

71

[해석] 따라서 직원들은 그릇 사용 후에는 설거지를 해야 합니다.

[해석] 그런 경우라면 저희는 즉시 모든 그릇을 구입해야 합니다.

[해석] 게다가 여러분 모두는 그것을 매일 시기 적절하게 끝내야 합니다.

[해석] 그렇게는 하지만 이 새로운 정책은 사람들이 손 씻는 것을 그만두게 합니다.

[전체 해석] 제가 2주 동안 싱크대에 한 무더기의 씻지 않은 접시들이(1) **있었다는** 것을 발견했습니다. 자신의 더러운 접시를 씻을 시간이 없으면 씻을 시간이 날 때까지 그것들을 자신의 책상 위에 두세요. 한 연구는 두세 개의 더러운 접시조차도 다른 모든 사람들이 음식 얼룩이 묻은 접시들을 싱크대에 그냥 두게 할 수 있음을 (2)보여줍니다. (3)하지만 싱크대가 비어 있으면 사람들이 즉시 접시를 닦을 가능성이 높다고 합니다. (4) **따라서 직원들은 그릇 사용 후 즉시 설거지를 해야 합니다.**

[해설] (1) **heard가 과거 시제**인데 이 보다 앞선 **과거완료(had been)**이 나와야 한다. (2) 동사 자리이다. **주어가 A study 이므로 단수동사 shows**가 정답이다. (3) 앞 문장은 접시를 닦지 않고 그냥 두는 상황이고 뒤 문장은 접시를 닦을 상황으로 **서로 상반되는 However가** 정답이다. (4) 앞의 내용 더러운 접시 몇 개만 있어도 다른 사람들이 따라서 접시를 싱크대에 두지만 싱크대가 비어 있으면 즉시 접시를 닦을 가능성이 높다고 밝혀진 결과가 나왔다. 이를 근거로 즉시 설거지를 해야 한다고 제안하는 내용이 나와야 한다.

[어휘] **find out** 발견하다　　**a pile of** ~한 무더기의　　**plate** 접시
　　　food-strained 음식 얼룩이 묻은　　**immediately** 즉시　　**if so** 그렇다
　　　consequently 결과적으로　　**furthermore** 게다가
　　　in a timely manner 시기 적적하게　　**even so** 그렇기는 하지만
　　　discourage 그만 두게 하다　　**wash one"s hands** 손을 씻다

1. Injuries and illnesses can be reduced by a fitness program if it is strictly _____ and includes workouts appropriate to the job.

(A) following   (B) follow   (C) followed   (D) to follow

[정답] C

[해석] 한 건강 프로그램이 엄격하게 지켜지고 그것이 업무에 적절한 운동을 포함한다면 부상과 질병이 줄어 들 수 있다.

[해설] be(is)동사 뒤에 부사(strictly)가 나오고 pp(수동)이 나온다. it은 앞의 a fitness program을 나타내면 수동태를 만드는 과거분사가 나온다.

[어휘] **include** 포함하다   **workout** 운동   **appropriate** 적절한

2. It is _____ to develop a good understanding of the Indian market and overall economy before taking the plunge.

(A) advise   (B) advisable   (C) advice   (D) advisor

[정답] B

[해석] 착수 전에 인도의 시장과 전체적인 경제에 대한 이해력을 높이는 것이 현명하다.

[해설] be동사 뒤에 형용사가 와야 한다.

[어휘] **overall** 전체에 걸친   **plunge** 착수

3. The executive committee admitted that this year"s annual conference could ____ better if more members had actively participated.

(A) have organized   (B) had organized   (C) had been organized

(D) have been organized

[정답] D

[해석] 보다 많은 회원들이 적극적으로 참여했었다 면은 올 연례 회의가 보다 잘 조직이 되 어 졌을 것이라고 실행위원회는 인정했다.

[해설] 가정법 과거완료 If +주어+ had +pp … could have +pp 문맥상 수동이 와야 한다.

[어휘] **executive committee** 집행 위원회 **admit** 인정하다

4. Almost all leading political parties on Friday unanimously _____ the proposed package of amendments to the Constitution.

(A) rejects   (B) rejected   (C) were rejected   (D) rejecting

[정답] B

[해석] 금요일 거의 모든 주된 정당들이 만장일치로 제안된 헌법 수정 조항들을 거부했다.

[해설] Almost all leading political parties (주어)가 parties복수이다. were projected 수동 태 는 뒤에 명사가 안 나온다. 과거 동사 rejected가 나와야 한다.

[어휘] **unanimously** 만장일치로   **amendment** 개정   **constitution** 헌법

5. Full-time employees are _____ for paid holidays after completing their introductory period.

(A) valuable   (B) compatible   (C) advisable   (D) eligible

[정답] D

[해석] 정규직원은 수습기간을 마친 후에는 유급 휴가의 자격이 있습니다.

[해설] be(are)동사 뒤에 형용사가 나오는 어휘 문제이다. completing their introductory period.(유급 휴가를 마친 후 에 와 관련 있는 어휘는 eligible(자격이 있는)이 와야 한다.

[어휘] **eligible for**~할 자격이 있는   **compatible** 양립하는   **advisable** 충고하는

1. ❋ 어떤 상황을 말할 때 주어가 어떤 동작을 직접 하는 능동의 문장(능동태) 주어가 어떤 동작을 당하는 수동의 문장(수동태 be+ pp)로 표현한다.

2. <be+ pp>가 출제되다.

3. ❋ 가정법 과거: 현재 사실을 반대로 가정

   ◇ If S were (＝일반과거동사) .... would (would should could might)+Root

   ❋ 가정법 과거완료: 과거 사실을 반대로 가정

   ◇ If S+ had +pp ..... would (should could. would might) have +pp

4. ❋ be동사 뒤에 오는 형용사가 출제된다.

5. ❋ 명사 앞에 밑줄이 있으면 반드시 형용사를 묻는 문제이다.

1. 일치

① 주어가 단수일 경우 단수에 맞는 동사를 복수일 경우 복수에 맞는 동사를 사용한다. 주 어와 동사의 수를 서로 일치시키는 것을 수 일치라고 한다.

② 단수동사와 복수동사의 형태

◇ 단수: 동사원형+(e)s

  ◆ She attends the job fair every year.

◇ be 동사 단수: am are is (cf-복수: are were)

  ◆ do 동사 단수: does (cf-복수: do)

  ◆ have동사 단수: has (cf-복수: have)

  ◆ He does not study hard. He has participated in the event for years

> **Exercise**

1. The monthly training programs _____ employees skills that make them more efficient.

   (A) is teaching   (B) teach   (C) has taught   (D) be taught

   [정답] B
   [해석] 매월 있는 교육 프로그램은 직원들에게 효율성을 높이는 기술을 가르친다.
   [해설] 주어 The monthly training **programs**(매월 있는 교육 프로그램은)가 복수이므로 복수 동사 teach가 정답으로 나온다.
   [어휘] employee 직원 고용인   **efficient** 효율적인

2. Visitors to the MyungSung Building should tell their hosts when they _____ to arrive.

   (A) expectation   (B) expects   (C) expect   (D) expecting

   [정답] C
   [해석] 명성 빌딩을 찾은 방문객들은 그들이 주인에게 언제 도착할 예정인지를 말해야 한다.
   [해설] they 다음 동사 자리이다. 복수동사인 expect를 쓴다. **<S+V종속접속사 (when)S+V>**
   [어휘] expectation 기대   **host** 주인

3. Before computer _____ was improved storing data was quite difficult.

   (A) technological   (B) technologists   (C) technology   (D) technologies

   [정답] C
   [해석] 컴퓨터 기술이 향상되기 전에는 데이터를 저장하는 일이 무척 힘들었다.
   [해설] 동사 was가 있으므로 주어는 단수명사가 와야 한다.

2. 동사에 줄이 그어져 있거나 주어 찾기 문제이다. 주어가 복수이면 동사는 원래 형태의 동사 단수이면 s(es)가 온다. 동사 앞에 밑줄이 있으면 주어 찾기 이다.

① While the exact cost of the reorganization is not known the department _____ signification cost savings in the long-run.

    (A) anticipate   (B) anticipates   (C) anticipating   (D) anticipation

    [정답] B

    [해석] 재편의 정확한 비용이 알려지지는 않았지만 막대한 총수입 증가가 예상되고 관계 부서는 장기적으로 상당한 비용 절약이 있을 것으로 보고 있다.

    [해설] 주어 the department 단수이므로 동사는 단수동사가 와야 한다.

              <종속접속사(While) S+V, S+V>

② Teachers need continuing support and training as _____ begin using computers in their everyday classroom activities.

    (A) they   (B) their   (C) them   (D) themselves

    [정답] A

    [해석] 선생님들은 매일 교실 활동에서 컴퓨터를 사용함에 따라 지속적인 지원과 훈련을 필요로 한다.

    [해설] begin 동사 앞에 자리는 주어자리이다. **<S+V종속접속사(as), S+V>**

        Teachers(주어) +need(동사) 종속접속사(as)+ they(주어)+동사(begin)

3. 주어는 문장 맨 앞에 나온다. 콤마가 있는 경우 콤마 뒤에서 주어를 찾는다.

③ The policy on vacation days _____ to both full-time and part-time workers.

    (A) applies   (B) application   (C) apply   (D) applying

    [정답] A

    [해석] 휴가정책이 정규직직원과 비정규적 직원 양쪽 다 적용되어진다.

    [해설] 주어 The policy 단수이므로 단수동사가 온다. ~y로 끝나면 y를 지우고 ies로 단수형을 만든다.

④ _____ in medical technology have done a great deal to produce miraculous cures and recoveries.

  (A) Advance　　(B) Advances　　(C) Advancing　　(D) Advancement

　[정답] B

　[해석] 의학 기술의 향상이 많은 기적적인 치료와 회복을 가져왔다.

　[해설] 동사 have는 복수이기 때문에 복수명사를 정답으로 한다.

　[어휘] miraculous 기적적인　　**advance** 향상　　**a great deal of** ~많은　　**cure** 치료

접속사와 절

1. 단어와 단어 구와 구 절과 절을 연결하는 역할을 하는 것을 접속사라고 한다.
   ◇ <단어+단어> cash or card?

   [해석] 현금으로 하시겠습니까 아니면 카드로 하시겠습니까?

   ◇ <구+구> is it for here or to go?

   [해석] 여기서 드시겠습니까 아니면 가져가시겠습니까?

   ◇ <절+절> Here is receipt and your coffee will be ready soon.

   [해석] 영수증은 여기 있고 커피는 곧 준비됩니다.

2. 접속사의 종류

서로 같은 성격의 단어 구 절을 대등하게 연결하는 것이 등위접속사이고 주절과 종속에 속한 종속절을 연결하는 것이 종속접속사이다.

   ◇ Speak **with the landlord or with his son**. <등위접속사>

   [해석] 집주인이나 그의 아들과 이야기하세요.

   [해설] with the landlord(전치사구) with his son(전치사구)가 or로 연결되어 있다.

   ◇ 2) **I donated the money because I love helping others**. <종속접속사>

   [해석] 나는 다른 사람들을 돕는 것을 좋아하므로 돈을 기부했다.

   [해설] I donated the money(주절) because I love helping others.(종속절)

   love helping others이 donated money를 수식한다.

✳ **TOEIC에 자주 출제되는 유형**

① 주어+ 동사 종속접속사 주어+ 동사

② 종속접속사 + 주어+ 동사 주어+ 동사

③ 전치사 + 명사 주어 + 동사

④ **접속사 종류**

when while if even if(~에도 불구하구)	although(~에도 불구하구)
once(일단~한다면)	as long as(~하는 동안)
as soon as(~하자마자)	now that(~이니까)
after (~후에)	

1. Corporate profits and executive salaries are surging _____ workers are having difficulty just making ends meet.

(A) also   (B) than   (C) moreover   (D) while

[정답] D

[해석] 근로자들은 빚 안 지고 살아가는 데에도 어려움을 가지는 반면 법인 및 중역의 월급은 급등하고 있다.

[해설] Corporate profits and executive salaries (주어) +동사(are)
종속접속사 (while)+workers(주어)+동사 (are) **<S+V 종속접속사 S+V)>**

2. If you are not satisfied with your order _____ the order was filled incorrectly we will either replace the items you need or refund you fully.

(A) yet   (B) during   (C) because   (D) however

[정답] C

[해석] 잘못 입력해서 당신의 부문에 만족하지 않는다면 우리는 상품을 교체하거나 전부 환불해 드릴 것입니다.

[해설] because(종속접속사) +the order(S)+was filled(V) we(S)+replace(v)
<종속접속사 +S+V, +S+V>

3. After completing the registration you will _____ a receipt which will serve as a temporary membership card for you.

(A) issue   (B) be issued   (C) be issuing   (D) are issuing

[정답] B

[해석] 등록을 완료한 후 당신은 임시 멤버카드로 사용할 수 있는 영수증을 발급받을 것 입니다.

[해설] 전치사 (After)+명사(registration) S(you)+V(will be used)가 정답이다. 시제(will)가 미래 시제이므로 미래 동사가 나온다. **<전치사+명사, 주어+동사>**

[어휘] registration 등록   issue **발급하다**   **receipt** 영수증

3. 등위 상관접속사

① ✱ **[either neither both]** 등이 보이면 뒤에 **or nor and**가 오는지 살펴본다.

   ◇ either A or B

   ◇ neither A nor B

   ◇ both A and B

   ◇ not only A but also B

   ◇ whether ~A or(not)

1. ✳ **The reading club usually meets in＿＿＿＿＿＿the employee lounge or the cafeteria.**

(A) still   (B) neither   (C) both   (D) either

[정답] D

[해석] 독서 클럽은 대개 직원 휴게실이나 구내식당에서 모인다.

[해설] either A or B **<A나 B 둘 중 하나>**

2. The dishes at the Hummingbird Cafe are not only delicious, quite affordable.

(A) but also   (B) for   (C) in addition to   (C) nor

[정답] A

[해석] 허밍 버드 카페의 요리들은 맛있을 뿐만 아니라 매우 저렴하다.

[해설] not only ~A but also B **<A 뿐만 아니라 B도>**

[어휘] delicious 맛있는   **affordable** 가격이 저렴한

3. ✳ **All the resorts are easily accessible＿＿＿＿＿＿by train or by bus and offer bad accommodation facilities.**

(A) many   (B) neither   (C) few   (D) either

[정답] D

[해석] 모든 휴양지는 기차나 버스로 쉽게 접근할 수 없고 나쁜 숙박시설을 제공합니다.

[해설] neither A ~ nor B **< A도 B도 둘 다 아닌>**

[어휘] accommodation 숙박시설

4. In the event of the manager"s absence the receptionist usually asks the caller
would like to leave a message or try again later.

    (A) for   (B) either   (C) despite   (D) whether

    [정답] D
    [해석] 매니저가 부재 시 접수계원은 전화를 한 사람에게 메시지를 남길 지와 나중에 다시 전화할 지에 대해 물어본다.
    [해설] Whether A ~or B **<A이던지 B이던지>**
    [어휘] in the event of ~할 경우에   **absence** 부재 시   **receptionist** 접수계원

5. **✻ In recent years electronic mail has become an increasingly popular
tool for personal and business communication.**

    (A) both   (B) every   (C) either   (D) whether

    [정답] A
    [해석] 최근에 전자메일은 개인 과 상용통신 양쪽 다 매우 인기가 되어 오고 있다.
    [해설] Both A ~ and B **<A 와 B 둘 다 >**

4. so ~ that (such~ that) 구문
[too가 있고 밑줄이나 괄호가 있으면 to를 답으로 찾는다.]

① He is so young that he cannot go to school.

    = He is **too** young **to** go to school.

② He is so wise that he can solve the problem.

    = He is wise **enough to** solve the problem.

    = so ~형용사 that such 명사 that 형태로 온다.

③ He works hard so that he may pass the exams.

    = He works hard in order to pass the exams.

    = in order to, so as to+동사원형이 오면 부정사의 목적표시로 ~하기 위해서이다.

1. Vehicles that are too wide _____ through the tunnel should follow the detour signs.

(A) to pass   (B) pass   (C) passing   (D) are passing

[정답] A

[해석] 너무나 커서 터널을 통과 할 수 없는 자동차는 우회 신호를 따라가야만 한다.

[해설] too ~ to 용법 <~나 ~해서 ~할 수 없다.>

2. The market situation is _____ tight that even several healthy enterprises are being pushed over the edge.

(A) so   (B) so long as   (C) such   (D) even if

[정답] A

[해석] 시장은 위치는 중심부에 있어서 심지어는 몇몇의 우량기업도 외각으로 밀려난다.

[해설] so 형용사 ~that <너무나도 ~해서 ~한다.>

[어휘] **healthy enterprise** 우량기업

3. She had _____ high attendance that she was delight.

(A) so   (B) such   (C) many   (D) much

[정답] B

[해석] 그녀는 많은 참석자가 와서 기뻤다.

[해설] such 명사 that <너무나~해서 ~했다>

4. He have to study hard in order to _____ pass the exam.

(A) pass   (B) be passed   (C) passed   (D) passing

[정답] A

[해석] 그는 시험에 합격하기 위해서 열심히 공부해야만 한다.

[해설] in order to ~하기 위해서

관계대명사

---

1. 관계대명사의 개념
① 두 개의 문장을 연결하면서 접속사+대명사 역할을 한다.
② 관계대명사 앞에 나온 명사를 선행사라 한다.

2. ✳ 관계대명사 앞의 명사를 수식해주는 역할을 하며 불완전한 문으로 나온다.
① 관계대명사 뒤에 **동사가 나오면 주격**이다
② 관계대명사 뒤에 **대명사+타동사가 나오면 목적격**이다.
③ 빈 칸 앞뒤가 모두 명사이고 밑 줄 뒤 문장이 완전한 문장이면 whose가 정답이다.

> ### Exercise

1. A certificate of participation will be given to all cyclists _____ finish the race.

(A) because   (B) such as   (C) who   (D) they

[정답] C
[해석] 참가 증명서는 경주를 끝낸 모든 사이클리스트에게 주어질 것이다.
[해설] 빈 칸 뒤에는 주어 없이 동사로 시작하며 접속사와 주어역할을 하는 주격이 온다
[어휘] certificate 증명서   participation 참가

2. The main tunnel that _____ the national zoo and the art museum will be out of service this weekend.

(A) connection   (B) connects   (C) connect   (D) connecting

[정답] B

[해석] 국립동물원과 미술관을 연결하는 주요 터널이 이번 주말에 운행되지 않을 것이다.

[해설] that 뒤에 동사가 없는 불완전한 문이다. 앞에 선행사가 the main tunnel이 단수이므로 시제 일치 단수동사가 정답이다.

3. The notice announced the recall of a heater _____ the company manufactured domestically.

(A) what   (B) who   (C) which   (D) they

[정답] C

[해석] 공지는 회사가 국내에서 제조한 난방기구의 리콜 조치를 알리는 것이었다.

[해설] 밑 줄 뒤 the company(명사) manufactured(타동사)가 있으므로 목적격 관계대명사 which가 정답으로 나온다.

[어휘] notice 공지   **manufacture** 제조하다   **domestically** 국내에서

4. This is weekend"s live concert in Pembroke Park will _____ feature a singer most recent album sold more than one million copies.

(A) that   (B) which   (C) their   (D) whose

[정답] D

[해석] 이번 주말에 팸브로크 공원에서 열리는 라이브 공연에는 가장 최근의 앨범이 백만 장 이상 팔린 가수가 나올 예정이다.

[해설] 앞에 명사 (a singer)가 있고 밑줄 뒤 명사 (most recent album)이 있고 완전한 문 정이 오면 whose가 정답으로 나온다.

3. 관계대명사 what은 앞뒤 문장이 불완전한 문으로 온다.

① 선행사 포함(the thing which all that that which)

② what 뒤에 완전한 문장이 나오면 what은 의문사로 보면 된다.

Exercise

1. The poor business model is _____ caused the software developer to go bankrupt.

(A) whose   (B) who   (C) what   (D) which

[정답] C

[해석] 빈약한 사업 계획이 그 소프트 개발업체를 파산하게 만들었다.

[해설] is 뒤에도 불완전하고 caused도 주어가 없다. 두 개를 동시에 만족하는 것은 what

---

4. ✻ 콤마 뒤에 밑줄이 그어지거나 괄호가 있고 뒤에 which가 있으면 which가 정답이다.

Exercise

1. ✻ The exhibition , _____ will open in September is being arranged by the president of the city"s art council.

(A) who   (B) that   (C) which   (D) whose

[정답] C

[해석] 9월에 열릴 전시회는 시의 예술의 회장에 의해 준비되는 중이다.

[해설] 밑줄 앞에 콤마가 나오고 선택지에 which가 있으면 which을 정답으로 한다.

---

5. 관대 뒤 동사에 줄이 그어져 있으면 앞에 선행사(앞에 있는 명사)에 수를 일치시킨다.

1. Consumers are willing to pay more for fresh and wholesome meals that _____ also tasty.

(A) is   (B) will be   (C) are   (D) will be done

[정답] C

[해석] 소비자들은 맛있는 신선하고 건강에 좋은 고기를 사기 위해 지불할 것이다.

[해설] that뒤에 밑줄이 그어져 있으면 that앞 선행사 복수명사(meals)에 수 일치한다.

[어휘] be willing to ~할 것이다   **wholesome** 건강에 좋은

관계부사

1. 관계부사의 종류: 선행사의 종류에 따라 관계부사가 정해진다.

2. ✷ 관계부사와 (전치사+관계대명사) 뒤에는 반드시 완전한 문장이 나온다.
   ① (the place) where... 장소

   This is the house where we will live.
   ② (the time) when... 때

   I don't know the time when he arrived here.
   ③ (the reason) why... 이유

   I don't know the reason why he did.

1. From 8 A. M. to 11 A. M. parking is prohibited on the street _____ the parade is scheduled to take place.

   (A) until   (B) where   (C) beside   (D) near

   [정답] B

   [해석] 퍼레이드가 계획되어진 거리에서 오전 8시부터 11시까지 파킹이 금지된다.

   [해설] 밑줄 앞 선행사가 the street 장소를 나타내므로 관계부사 where가 나와야 한다.

   [어휘] prohibited 금지하다

2. Members of our rewards club can receive substantial discounts on the day _____ the store celebrates its anniversary.

   (A) whose   (B) when   (C) which   (D) what

   [정답] B

   [해석] 우대 받는 클럽 회원들은 백화점에서 축제가 있는 그날 상당한 할인을 받을 수 있다.

   [해설] 밑 줄 앞 선행사가 the day 날을 나타내므로 시간을 나타내는 when이 나온다.

   [어휘] substantial 상당한   **store** 백화점   **celebrate** 축하하다   **anniversary** 기념일

관계대명사, 관계부사, 접속사
구분하는 법

▼

1. 관계대명사 + 불완전한 문장 (관계대명사는 뒤에 불완전한 문장이 온다.)
2. 선행사가 (장소 시간 이유) + 관계부사 + 완전한 문장 (관계부사는 완전한 문장)
3. 주어 + 동사 that (종속접속사) + 주어+ 동사 (부사절)

> **Exercise**

1. The latest research suggests _____ vitamin supplements from EZ-Med
prevent colds.

(A) to   (B) what   (C) you   (D) that

[정답] D

[해석] 최근 연구에서 ez-메드에서 나온 비타민 보충제가 감기를 예방한다는 점을 시사한 다.

[해설] suggest는 타동사로 **목적절** (that+주어+동사)로 나온다. 뒤 문장은 vitamin supplements from EZ-Med(주어) prevent(동사) 목적어(colds) 완전한 문이 나온다.

[어휘] **supplement** 보충제   **prevent** 방지하다

2. E-mail is the _____ means of communication for many people nowadays.

(A) preference   (B) prefer   **(C)** preferring   (D) preferred

[정답] D

[해석] E-mail 요즘 많은 사람들이 선호하는 의사소통 수단입니다.

[해설] means를 수식하는 분사 형용사가 와야 한다. 뒤에 명사 means of communication (의사소통 수단) 명사가 나왔고 선호되는 대상 이므로 과거분사를 써야 한다.

[어휘] **means** 수단   **communication** 의사소통 대화

1. Hotel guests can purchase a ticket for the lavish breakfast buffet for a small additional _____.

 (A) charge (B) estimate (C) bill (D) reservation

[정답] A

[해석] 호텔 손님들은 소정의 추가 요금으로 풍성한 뷔페 아침식사를 할 수 있는 표를 구입할 수 있다.

[해설] 표를 구입한다(purchase a ticket)는 것으로 보아 돈을 내야 한다. 요금의 뜻인 charge가 정답이다.

[어휘] purchase 구입하다　**lavish** 풍성한 호화로운　**additional** 추가의
　　　 reservation 예약

2. Please follow the boarding procedures to ensure the flight can depart without _____ .

 (A) destination (B) favor (C) belongings (D) delay

[정답] D

[해석] 비행기가 지연되지 않고 출발할 수 있도록 탑승 절차를 따라 주십시오.

[해설] boarding procedures(탑승절차)와 연관이 있는 without(지체 없이)가 정답이다.

[어휘] boarding 탑승　**procedure** 절차　**ensure** 확실하게 ~하다　**depart** 출발하다

3. Patients can make decisions about their treatment after the initial _____.

 (A) machine (B) activity (C) consultation (D) infection

[정답] C

[해석] 환자들은 첫 상담 후에 각자의 치료에 대한 결정을 내릴 수 있다.

[해설] decisions about their treatment(치료에 대한 결정) after(~후에)가 오는 것으로 보아 consultation(상담)을 한 후가 나와야 한다.

4. The _____ scheduled to be delivered on Saturday requires installation by a skilled technician.

 (A) landlord   (B) appliance   (C) address   (D) directory

[정답] B

[해석] 토요일에 배송하기로 한 가전제품은 숙련된 기술자의 설치를 필요로 한다.

[해설] installation(설치)와 관련이 있는 appliance(가전제품)을 정답으로 한다.

[어휘] **skilled** 숙련된   **landlord** 집주인   **directory** 안내책자   **require** 요구하다

5. Even though much of Europe has suffered a recession the economic situation is _____ in Belgium.

 (A) coupled   (B) mutual   (C) excessive   (D) stable

[정답] D

[해석] 유럽 대부분이 경기 침체를 겪었지만 벨기에는 경제 상황이 안정적이다.

[해설] Even though(비록 ~이지만) recession(경기침체)와 대조적으로 경제가 안정적이라는 말이 나와야 한다.

[어휘] **recession** 경기 후퇴   **mutual** 상호의   **excessive** 지나친   **stable** 안정적인

1. _____ the service was excellent and the atmosphere was fun the food leaves much to be desired.

  (A) However   (B) Despite   **(C)** In spite of   (D) Even though

  [정답] D

  [해석] 서비스가 훌륭하고 분위기도 유쾌했던 반면에 음식은 개선이 많이 되어져야 한다.

  [해설] 종속접속사 +주어(the service)+동사(was) 주어(the food)+동사(leaves)

  [어휘] eave much to be desired 미진한 점이 많다

2. Ticket prices depend on the show and tickets can be bought either at the box office _____ through our web site.

  (A) or   (B) nor   **(C)** and   (D) over

  [정답] A

  [해석] 가격은 쇼에 따라 다릅니다. 그리고 티켓은 판매소나 우리 웹사이트를 통해서 구매 되어 질 수 있습니다.

  [해설] either ~or 상관접속사 문제이다.

  [어휘] depend on ~에 달려있다   **box office** 극장의 매표소

3. The executive committee admitted that this year"s annual conference could _____ better if more members had actively participated.

  (A) have organized   (B) had organized

  (C) had been organized   (D) have been organized

  [정답] D

  [해석] 보다 많은 회원들이 적극적으로 참여했었다 면 올 연례 회의가 보다 잘 조직이 되어졌을 것이라고 실행위원회는 인정했다.

[해설] 종속절 **if** S(more members)**+** V(**had** actively **participated**) ... **could have+ pp**

잘 조직 되어졌다는 수동태가 나와 **could have been organized**가 정답으로 나온다.

[어휘] **executive committee** 집행위원회　**admit** 시인하다

4. Economy Minister Carlos Tavares president at the opening of the forum, _____

he gave a presentation on the telecommunications sector.

(A) why　　　　(B) where　　　　(C) which　　　　(D) while

[정답] B

[해석] 경제 장관인 타바레스는 그 포럼의 개회식 사회를 보았으며 그곳에서 정보통신 분 야에 대한 발표를 했다.

[해설] 밑줄 그어진 문장 뒤가 완전한 문장이다. 앞에 선행사가 the opening of the forum으로 장소를 나타내므로 관계부사where가 나와야 한다.

[어휘] **preside** 의장 노릇을 하다　**give a presentation** 발표하다

　　　telecommunications sector 정보통신

5. Councilman McDonald has _____ a state of emergency in the town due

to the flooding.

(A) declared　　　　(B) reformed　　　　(C) enlarged　　　　(D) prohibited

[정답] A

[해석] 맥도널드 의원은 홍수로 인해 지역에 비상사태를 선포했다.

[해설] a state of emergency(비상사태) flooding(홍수) declared(선언하다)로 이어진다.

[어휘] **reformed** 개혁하다　**enlarged** (확장하다)　**prohibited**(금지하다)

　　　due to ~때문에

정리하기

1. ❋ **TOEIC에 자주 출제되는 유형으로**

① 주어+ 동사 종속접속사 주어+ 동사

② 종속접속사 + 주어+ 동사 주어+ 동사

③ 전치사 + 명사 주어 + 동사

④ **접속사 종류**

when	while	if	even if	although
once	as long as	as soon as	now that	after

2. ❋ 상관접속사[either neither both] 등이 보이면 뒤에 **or nor and**가 오는지 살펴본다.

3. ❋ 관계대명사 앞의 명사를 수식해주는 역할을 하며 불완전한 문으로 나온다.

① 관계대명사 뒤에 **동사가 나오면 주격**이다

② 관계대명사 뒤에 **대명사+타동사가 나오면 목적격**이다.

③ 빈 칸 앞뒤가 모두 명사이고 밑 줄 뒤 문장이 완전한 문장이면 whose가 정답이다.

4. ❋ 콤마 뒤에 밑줄이 그어지거나 괄호가 있고 뒤에 **which**가 있으면 **which**가 정답이다.

5. ❋ 관계부사와 (전치사+관계대명사) 뒤에는 반드시 완전한 문장이 나온다.

① (the place) where… 장소

◇ This is the house where we will live.

② (the time) when… 때

◇ I don't know the time when he arrived here.

③ (the reason) why… 이유

◇ I don't know the reason why he did.

특수구문

1. 평행구조(parallelism)
① and or 등이 있으면 같은 형태로 만들어 주어야 한다.

> **Exercise**

1. The Reader"s Digest is both _____ and interesting.

(A) informative　　(B) inform　　(C) information　　(D) informed

[정답] A

[해석] Reader"s Digest는 정보와 흥미를 끈다.

[해설] and 뒤에 분사 형용사(interesting)이 있기 때문에 밑줄도 형용사(informative)가 나와야 한다

[어휘] informative 정보의

2. Electronic mail is fast convenient and _____.

(A) economic　　(B) economy　　(C) economically　　(D) to economy

[정답] A

[해석] 전자 메일은 빠르고 편리하고 경제적이다.

[해설] fast convenient(형용사)이므로 and 뒤에도 형용사(economic)가 나온다.

[어휘] convenient 편리한, economic 경제의

명사&관사

---

1. 셀 수 있는 명사를 가산명사라고 단수 명사 앞에 a(n) 복수명사 뒤에는 –s(es)가 붙는다.

① The electronics company designed a product. <그 전자회사는 제품 하나를 기획했다.>

② The electronics company designed products. <그 전자회사는 제품들을 기획했다.>

2. 셀 수 없는 명사는 a(n)나 복수형을 나타내는(e)s가 붙을 수 없다.

① [출제되는 명사로 information equipment furniture luggage 등이 있다.]

Exercise

1. _____ equipment was found on the shelf.

(A) These   (B)An   (C) Many   (D) The

[정답] D

[해석] 장비는 선반 위에 있다.

[해설] equipment 정해져 있는 명사로 the가 앞에 온다.

[어휘] equipment 장비

3. a(n)는 정해지지 않은 불특정 하나를 나타내는 것을 부정관사 라하고 the는 특정한 대상을 나타낼 때 쓴다.

1. Finding an alternative _____ of materials will reduce the restaurant"s costs.

(A) supplying   (B) supplied   (C) supplier   (D) suppliers

[정답] C

[해석] 다른 자재 공급업체를 찾으면 식당의 경비가 줄어들 것이다.

[해설] 관사 an은 명사 앞에 오지만 명사를 수식하는 형용사 alternative가 있으면 형용사 앞으로 나온다. 단수an이 있기 때문에 단수명사인 supplier이 나온다.

[어휘] **alternative** 대체되는   **supplier** 공급업체   **material** 자재   **reduce** 줄이다

2. The _____ of the film On Top of World has exceed everyone"s expectation.

(A) popular   (B) popularity   (C) popularize   (D) popularly

[정답] A

[해석] 영화 <세상 꼭대기에서>의 인기는 모든 사람들의 예상을 뛰어 넘었다.

[해설] the 뒤에 명사가 나온다.

[어휘] **popularity** 인기   **exceed** 초과하다   **expectation** 예상 기대

3. Because of a computer error the previous _____ from London arrived almost a week late.

(A) delivery   (B) delivers   (C) delivered   (D) deliverable

[정답] A

[해석] 컴퓨터오류로 인해 런던에서 온 지난 번 배송상품은 거의 일주일 늦게 도착했다.

[해설] the 뒤에 명사가 와야 한다. 명사 앞에 형용사가 오면 the는 형용사 앞으로 이동한다.

[어휘] **previous** 이전의   **delivery** 배송(품)

대명사

---

1. ✳ 명사를 대신 받는 품사이며 인칭 성, 수, 격에 따라 그 형태가 달라진다.

	주격 (은/는/이/가)	소유격 ~의	목적격 에게/를	소유격 ~의 것	재귀대명사 자신율/etc
1인칭	I 나	my	me	mine	Myself
	We 우리	Our	us	Ours	Ourselves
2인칭	You 너	Your	You	Yours	yourself
	You 너희들	Your	You	Yours	Yourselves
3인칭	He 그 (남자)	His	Him	His	Himself
	She 그 (여자)	Her	Her	Hers	Herself
	It 그것	Its	It	Its	Itself
	They 그 사람(것)을	Their	Them	Theirs	Themselves
무인칭	One (모든) 사람들	One's	One	One's	Oneself

Exercise

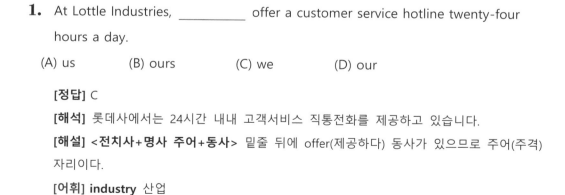

1. At Lottle Industries, _____ offer a customer service hotline twenty-four hours a day.

(A) us   (B) ours   (C) we   (D) our

[정답] C

[해석] 롯데사에서는 24시간 내내 고객서비스 직통전화를 제공하고 있습니다.

[해설] <전치사+명사 주어+동사> 밑줄 뒤에 offer(제공하다) 동사가 있으므로 주어(주격) 자리이다.

[어휘] **industry** 산업

2. Mr. Smith"s appointment was at two o"clock but the doctor didn"t examine ____

until three.

(A) his   (B) he   (C) himself   (D) him

[정답] D

[해석] 스미스 씨의 진로 예약은 2시였지만 의사는 3시가 될 때까지도 그를 진찰하지 않았다.

[해설] examine타동사 뒤에 목적격이 나와야 한다. 재귀대명사 himself는 주어 Mr. Smith와 일치하면 정답이 될 수 있는데 himself는 the doctor이다.

[어휘] **appointment** 약속

3. The position"s benefits as well as _____duties will be explained in the

contrast.

(A) they   (B) their   (C) it   (D) its

[정답] D

[해석] 직책에 따른 업무 뿐 아니라 혜택도 계약서에서 설명될 것이다.

[해설] duties 명사 앞에 소유격이 나와야 한다.

[어휘] **benefit** 혜택   **explain** 설명하다   **contrast** 계약서   **as well as**~뿐만 아니라

2. 재귀 대명사 [~self ~selves]: 자신을 의미하는 말을 재귀대명사라고 말한다.

③ ✻ **주어와 목적어가 같을 때(재귀용법)이다.**

◇ He looked at himself in the mirror.   <He=himself>

◇ The technicians introduced themselves to the managers.

The technicians=themselves

1. The lab technician wears gloves to protect _____ from harmful chemicals.

(A) his   (B) himself   (C) he   (D) him

[정답] B

[해석] 실험실 기술자는 해로운 화학 물질로부터 스스로를 보호하기 위해서 장갑을 착용한다.

[해설] The lab technician= himself protect 목적어로 재귀대명사가 쓰였다.

[어휘] **lab** 실험실   **harmful** 해로운   **chemical** 화학물질

2. A welcome guide is provided so that guests himself can familiarize _____ with the hotel"s amenities.

(A) himself   (B) themselves   (C) yourself   (D) itself

[정답] B

[해석] 손님들이 호텔의 편의시설에 익숙해질 수 있도록 안내 책자가 제공됩니다.

[해설] 주어 guests 동사 familiarize 목적격으로 재귀대명사가 나올 수 있다. 주어가 복수이므로 themselves가 정답으로 나온다.

[어휘] familiarize 익숙하게 하다

[어휘] amenities 편의시설

3. ＊같은 문장에서 앞에 나온 명사를 가리킬 때 지시대명사 that이나 those를 쓴다. 힌트로 that(those) 뒤에 전치사 of (on)이 따라 나온다.

1. This month"s production surpassed _____ of last month.

(A) that　　　(B) of those　　　(C) those　　　(D) itself

[정답] A

[해석] 이번 달의 생산량은 지난 다의 것을 넘어섰다.

[해설] 밑줄 뒤에 of 가 나오고 선택지에 that those가 있은 것으로 보아 지시대명사 문제이다. that=production

[어휘] **production** 생산량　　**surpass** 능가하다

2. Our warranties are better than _____ of our competitions.

(A) their　　　(B) that　　　(C) those　　　(D) of that

[정답] C

[해석] 우리의 품질 보증서는 경쟁사의 것들보다 낫다.

[해설] 밑줄 뒤에 of 가 나오고 선택지에 that those가 있은 것으로 보아 지시대명사 문제이다. those=warranties

4. ✳ most almost 구별법

① most

　◇ most 뒤에 일반명사가 온다.

　◇ most of the [소유격 these] +일반명사가 나온다.

② almost 뒤에 부정대명사가 온다. [all everyone nothing]

1. _____ interviews with recruiters last just 30 minutes and follow a fairly conventional formal.

(A) Most   (B) Almost   (C) Most of   D) The most

[정답] A

[해석] 지원자들과 함께하는 대부분의 면접은 30분 정도로 이루어지고 꽤 관습적인 형태로 이루어졌다.

[해설] most +일반명사(interviews)로 나온다.

[어휘] **conventional** 관습적인   **formal** 형식

2. _____ our business letters will be either requests or replies to someone else"s request.

(A) Most of   (B) Almost of   (C) Most   (D) All

[정답] A

[해석] 대부분의 우리의 사업상 거래는 어떤 사람의 요구에 요청하거나 요구하는 것이다.

[해설] most of 소유격+명사 유형이다.

[어휘] **business letters** 사업상 거래   **reply** 답변   **request** 요청

3. _____ of the luggage misplaced by Rev Airlines is found within two days.

(A) Almost   (B) Already   (C) Many   (D) Most

[정답] D

[해석] Rev 항공사가 잘못 두었던 짐 가방 대부분은 이틀 내에 발견된다.

[해설] most of the +명사 유형이다.

[어휘] **luggage** 선물   **misplace** 잘못 두다   **within**~안에

5. all+복수명사 each every+단수명사가 나온다.

Exercise

1. Before the event ends _____ guest will be provided with a souvenir to take home.

(A) several   (B) each   (C) many   (D) all

[정답] B
[해석] 행사가 끝나기 전에 각자의 손님들은 집으로 가져갈 선물을 제공받는다.
[어휘] **souvenir** 선물

2. This needs to be completed under all _____ , so please do no forgot.

(A) circumstance   (B) circumstances

(C) circumstantial   (D) circumstantially

[정답] B
[해석] 모든 상황 하에 완결되어지는 것이 필요하다. 그래서 제발 잊지 말고 끝내라
[해설] all 뒤에 복수명사가 나와야 한다.

1. The _____ of the survey are intended to provide a resource for business by making them aware of the risks they may face when dealing with certain third countries.

(A) configurations   (B) perceptions   **(C) terms**   (D) results

[정답] D

[해석] 연구 결과는 제3세계 국가들과 거래 시 직면할 수 있는 위험을 인지할 수 있는 사 업적 지원을 제공하고 있습니다.

[해설] 정관서 the 뒤에 명사가 나온다. survey(연구)와 관련된 results(결과)가 정답이다.

[어휘] **configurations** 배열   **perceptions** 인식 지 각력   **deal with** ~을 다루다

2. Nowadays there is a _____ for afford able and accessible higher education.

(A) center   (B) control   **(C) look**   (D) need

[정답] D

[해석] 요즘에는 가격이 저렴하고 접근 가능한 고등교육에 대한 필요성이 제기되고 있습니다.

[해설] 부정관사 a 뒤에는 명사가 나온다. affordable and accessible higher education.(가격이 저렴하고 접근 가능한 고등교육에 대한 필요성이 정답으로 나와야 한다.

[어휘] **affordable** 줄 수 있는 (값이) 알맞은

3. Satellite broadband service internet providers offers a _____ that many rural or out of the way areas are not offered from their cable company or other providers.

(A) service   (B) serviced   (C) servicing   (D) serviceable

[정답] A

[해석] 위성 광대 역의 인터넷 서비스 업체는 지방과 케이블로 인터넷을 제공받지 못하는 지역에 인터넷을 제공합니다.
[해설] 부정관사 a 뒤에 명사가 나와야 한다.
[어휘] **satellite** 인공위성　　**rural** 시골의　　**provider** 제공자

4. _____ can reserve a hotel of any level from tourist class to 5-star luxurious hotels through our on-line reservation system.

　(A) You　　　　(B) Your　　　　(C) Yours　　　　(D) Yourself

[정답] A
[해석] 당신은 우리의 온라인 예약시스템을 통해 제일 싼 수준에서부터 5성의 호화로운 호텔까지 어떤 것이든지 예약할 수 있습니다.
[해설] 빈 칸은 주어 자리이므로 주격대명사가 나와야 한다.
[어휘] tourist class (항공기) 제일 싼 등급　　**luxurious** 사치스러운

5. Apart from _____ steady musical career the artist also made some periodic appearances on the small and big screen._

　(A) she　　　　(B) her　　　　(C) hers　　　　(D) herself

[정답] B
[해석] 그녀의 꾸준한 뮤지컬 경력은 그렇다 치더라도 그녀는 배우자로서도 크고 작은 영 화에 주기적으로 출연하였습니다.
[해설] steady musical career 단어가 2~3개가 연속으로 연결되어 있으면 명사를 찾기 위해 서는 마지막에 나오는 단어를 보고 결정한다. career가 명사이다. **명사 앞에 소유격**이 온다.
[어휘] periodic 주기적인　　**appearance** 외모 출현

6. Neither drinking _____ eating are allowed in the computer room and after using the computer facilities please leave it as found.

　(A) or　　　　(B) and　　　　**(C)** nor　　　　(D) neither

[정답] C

[해석] 컴퓨터실에서는 마시는 것과 먹는 것 모두 허용되지 않으며 컴퓨터 사용 후 원래 상태로 되돌려 주시기 바랍니다.

[해설] neither~ nor 문제이다.

[어휘] facility 편리 시설   **allow** 허용되다

7. Please indicate the number of tickets you would like as well as whether you prefer regular _____ VIP Tickets.

(A) or   (B) nor   (C) so   (D) and

[정답] A

[해석] 정규 표를 원하는지 VIP표를 원하는지 뿐만 아니라 당신이 원하는 표의 번호를 정하기 바랍니다.

[해설] whether~ or상관접속사 문제이다.

[어휘] indicate 가리키다   **prefer** 선호하다.

8. Ms. Smith submits that Air Canada should provide _____ with a ticket free of charge for future travel or reimburse the cost of her trip as she was not treated properly and did not receive what she paid for.

(A) she   (B) her   (C) herself   (D) hers

[정답] B

[해석] 스미스 씨는 자신이 부당하게 자신이 지불한 만큼 대우를 받지 못했기 때문에 캐나다 항공이 그녀에게 나중에 이용할 수 있는 무료 항공권을 제공하거나 그녀의 여행 경비를 보상해 주어야 한다는 주장을 제기하고 있다.

[해설] provide는 타동사로 뒤에 대명사가 her가 목적격으로 나온다.

[어휘] free of charge 공짜로   **reimburse** 배상하다

9. For procedures detailing the _____ of this software please refer to the user manual.

   (A) operate   (B) operative   (C) operator   (D) operation

   [정답] D
   [해석] 이 소프트웨어의 작동법을 상술한 절차를 보려면 사용자 매뉴얼을 참조하세요.
   [해설] the 뒤에 명사가 나와야 한다.
   [어휘] detail 상술하다   **operative** 활동하는 작업의

10. _____ of the magazine is advertisement like most magazine these days.

   (A) Most   (B) Majority   (C) Any   (D) Something

   [정답] A
   [해석] 요즈음 대부분의 잡지와 마찬가지로 그 잡지의 대부분은 광고이다.
   [해설] most of the +일반명사 유형이다.
   [어휘] advertisement 광고   **majority** 대부분 대다수

 정리하기

1. ✽ **a(n) the** 뒤에 명사를 묻는 문제가 출제된다.
2. ✽ 대명사 격(주격 목적격 소유격)을 묻는 문제가 출제된다.
3. ✽ **most almost** 구별법이 출제된다.
  ① most 뒤에 일반명사가 온다.
  ② most of the [소유격 these] +일반명사가 나온다.

형용사

1. 형용사의 개념과 형태

① 명사의 상태를 수식하거나 보충하는 역할을 한다.

② 형용사의 어미로

   –able(ible), comfort→ comfortable, -ful care→ careful

   -less →meaningless, -ive →attract→ attractive, -ous danger→ dangerous

   -en →wooden, -al →nature →natural, -ary imagine→ imaginary

Exercise

1. A _____ evaluation of the information showed a trend toward fewer benefits for employees.

(A) care   (B) caring   (C) careful   (D) carefully

[정답] C

[해석] 자료에 대한 주의 깊은 평가가 직원들의 복지혜택이 감소하는 추세를 보여주었다.

[해설] 관사 a 뒤에는 형용사 +명사가 나와야 한다.

[어휘] **careful** 주의 깊은   **evaluation** 평가   **trend** 추세 경향   **benefits** 복지혜택

2. be동사(=remain become seem appear sound look) 뒤에는 반드시 주격 보어 형용사가 나온다.

Exercise

1. The maintenance crew regularly trims the park"s bushes so that the walking

paths are clearly _____.

(A) visibly   (B) visibility   (C) vision   (D) visible

[정답] D

[해석] 관리직원들은 걷는 길이 분명하게 보이게 하기 위해서 공원의 관목을 손질한다.

[어휘] **maintenance crew** 관리직원   **trim** 손질하다   **bush** 관목

3. It be 형용사 ~ that 주어+should 동사원형이 출제된다.

[important / necessary / vital / crucial / mandatory / imperative / obvious / clear / apparent / likely] that+ 주어+동사원형

Exercise

1. It is imperative that consumers _____ in determining their preference.

(A) unrestrained   (B) be unrestrained

(C) are unrestrained   (D) have unrestrained

[정답] B

[해석] 소비자가 그들이 좋아하는 것을 결정하는 것은 당연한 것이다.

[해설] It is imperative that 주어+(should)+동사원형

[어휘] **imperative** 당연한   **unrestrained** 제약 받지 않는

2. It is clear _____ the demand for organic produce has increased dramatically.

(A) upon   (B) to   (C) if   (D) that

[정답] D

[해석] 유기 농 상품의 수요가 가파르게 증가하는 것은 분명하다.

[해설] It is clear that +주어+ should +동사원형

[어휘] **organic produce** 유기 농 상품   **dramatically** 가파르게

4. ✳ (a) few 수 표시 / (a) little 양 표시 구분법

few는 셀 수 있는 것으로 뒤에 명사가 복수로 little은 셀 수 없는 것으로 단수형태가 나온다.

> ### Exercise

1. Day Sport Co has gained a significant share of the market over the past _____ months.

(A) little   (B) few   (C) for   (D) much

[정답] B

[해석] Day Sport Co은 과거 몇 달 동안 시장의 중요한 지분을 획득했다.

[해설] 밑줄 뒤에 months라는 복수가 있기 때문에 수 표시 few를 쓴다.

5. ✳ 형용사 어순(부사 +형용사+ 명사)으로 나온다.

> ### Exercise

1. King Shipping is not _____ for delivery delays caused by poor weather conditions.

(A) responsibility   (B) responsible   (C) responding   (D) responsibly

[정답] B

[해석] King Shipping은 나쁜 날씨 상태로 인해 야기된 배달 지연에 대해 책임이 없다.

[해설] be동사 뒤에 not(부사)+형용사가 나와야 한다.

[어휘] **responsible** ~에 대해 책임감이 있는   **poor weather conditions** 나쁜 날씨상태

2. The restaurant"s _____ painted walls go well with its lively music and festive atmosphere.

(A) brighten   (B) brightly   (C) bright   (D) brightness

[정답] B

[해석] 밝게 칠해진 식당 벽은 활기 넘치는 음악 및 축제 분위기와 잘 어울린다.

[해설] 부사(brightly)+형용사(painted) 유형이다.

[어휘] **go well with** ~잘 어울린다.   **atmosphere** 분위기

3. Mr. Wilson is _____ capable of overseeing production while Ms. Anderson is on vacation.

(A) perfected   (B) perfectly   (C) perfections   (D) perfect

[정답] B

[해석] 윌슨 씨는 앤더슨 씨가 휴가 중인 동안 생산을 완벽하게 감독할 능력이 있다.

[해설] 형용사(capable)앞에 부사가 나와야 한다.

[어휘] **perfectly** 완벽하게   **be capable of** ~할 능력이 있다.   **oversee** 감독하다

6. ✱✱ 명사 앞에 올 수 있는 것으로 형용사 관사 (a the) 전치사 타동사 소유격 분사 형용사(~ing ~pp) all other much this that.등이 출제된다.

> **Exercise**

1. The client was impressed with Mr. Kim"s _____ ideas for the television commercial.

(A) creatively   (B) creative   (C) creativeness   (D) create

[정답] B

[해석] 고객은 텔레비전 광고에 대한 Mr. Kim"s 창의적인 사고에 깊은 인상을 받았다.

[해설] idea 명사 앞에 형용사가 온다.

[어휘] **be impressed with**~ 으로 깊은 인상을 받다.   **commercial** 광고방송

2. A _____ evaluation of the information showed a trend toward fewer benefits for employees.

(A) care   (B) caring   (C) careful   (D) carefully

[정답] C

[해석] 자료에 대한 신중한 평가가 직원들의 복지혜택이 감소하는 추세를 보여주었다.

[해설] 관사 a 가 나오고 뒤에 형용사(careful)있고 명사(evaluation) 평가가 나온다.

[어휘] **evaluation** 평가   **trend** 경향   **benefits** 복지혜택

3. A recent study revealed that domestic visitors have a high level of _____ with the Gold Coast as a tourist destination.

(A) satisfied   (B) satisfying   (C) satisfactory   (D) satisfaction

[정답] D

[해석] 최근의 연구는 국내 방문객들은 관광객이 가보고 싶은 장소로써 Gold Coast가 매우 높은 만족도로 나왔다.

[해설] 전치사는 뒤에 명사가 목적어로 나와야 한다.

[어휘] **destination** 목적지   **reveal** 드러나다   **satisfaction** 만족

4. The hotel provides sauna bath massage service indoor all-weather swimming pool and other _____ where you can recover your stretched body after a long day work.

(A) categories   (B) facilities   (C) qualities   (D) activities

[정답] B

[해석] 호텔은 사우나 마사지 실내 수용장과 다른 시설을 제공한다. 거기서 당신은 일과 후의 피로를 회복할 수 있다.

[해설] other 뒤에는 복수 명사가 나와야 한다. 사우나 마사지 등을 보아 facilities(시설)이 답으로 나온다.

[어휘] **facilities** 시설   **categories** 범주   **qualities** 자질   **activities** 활동

5. If your surgery is scheduled after 12 p.m. or later in the afternoon you will be

given _____ instructions by your doctor"s office.

(A) specify   (B) specifies   (C) specific   (D) specifying

[정답] C

[해석] 만약 수술이 오후 12시 이후나 오후 늦게 계획되어 있다면 당신은 의사로부터 특별한 지침을 받을 것입니다.

[해설] 빈칸에는 명사 instructions(지침)를 수식하는 형용사가 와야 한다.

[어휘] **surgery** 외과의사   **specific** 특별한

6. Applications only can be processed if all _____ documents will be

attached.

(A) necessary   (B) necessity   (C) necessarily   (D) necessitating

[정답] A

[해석] 신청서는 필요한 문서들이 동봉되었을 때만 처리될 것입니다.

[해설] 명사 documents(문서)을 수식하는 형용사가 와야 한다.

[어휘] **application** 적용 응용   **attached** 동봉된

7. Nowadays there is a _____ for affordable and accessible higher education.

(A) center   (B) control   (C) look   (D) need

[정답] D

[해석] 요즘에는 가격이 저렴하고 접근 가능한 고등 교육에 대한 필요성이 제기되고 있습니다.

[해설] 관사 a 가 나오면 명사가 나와야 한다. higher education(고등교육) 필요성이 답

8. A medical error does not necessarily mean there has been negligence if it"s an

error that any reasonably _____ physician could have made.

(A) caution   (B) cautious   (C) cautioning   (D) cautiously

[정답] B

[해석] 만약에 의학적인 실수라는 것이 신중한 의사도 저지를 수 있는 것이라면 그것에 반드시 의학적인 태만이 있었다는 것을 의미하는 아니다.

[해설] reasonably(상당히)부사 뒤에 형용사가 온다. 뒤에 명사 physician(의사)가 온다.

[어휘] negligence 태만 무관심   **cautious** 신중한

9. This year"s symposium includes some very _____ companies in the audience and also as speakers.

(A) distinguish   (B) distinguished   (C) distinguishing   (D) distinguishable

[정답] B

[해석] 올해의 심포지엄은 청중들 중에서는 물론 연설자로 써도 매우 출중한 회사를 포함 합니다.

[해설] very 부사 뒤 형용사가 오고 그 뒤에 명사가 온다. 수동의 의미를 갖는 distinguished 답으로 나온다.

[어휘] symposium 토론회   **distinguished** 눈에 띄는

10. Please fill out this contact form and one of our _____ financial advisors will contact you within 24 hours of feel free to browse our site and check out all of the great information that we have provide for your benefit.

(A) profession   (B) professional   (C) professionally   (D) professionalism

[정답] B

[해석] 이 연락 양식을 작성하면 우리의 전문적인 재정 상담사가 24시간 이내에 연락을 할 것이고 아니면 당신의 이득을 위해 우리가 준비한 훌륭한 정보들을 우리의 웹사이트에서 자유롭게 읽어 보시기 바랍니다.

[해설] financial advisors(재정 상담사)를 수식하는 형용사가 와야 한다.

[어휘] financial 재정상의 재무의   **browse** (책을)여기저기 읽다.   **profession** 전문가

11. If you are injured on the job there are several important steps to ensure that you receive full _____ for your claim.

(A) compensate   (B) compensated   (C) compensating   (D) compensation

[정답] D

[해석] 직무 중에 상해를 입었을 때 당신의 청구에 대해 전액 보상 받을 수 있게 해주는 중요한 과정들이 있습니다.

[해설] 앞의 형용사 full의 수식을 받는 명사가 나와야 한다.

[어휘] compensation 보상   **ensure** ~확인하다

12. Please note that if the email address is not valid complete and accurate you will not receive a _____.

(A) respond   (B) responding   (C) responded   (D) response

[정답] D

[해석] 이메일 주소가 유효하지 않거나 정확하지 않으면 당신은 응답을 받지 못한다는 것을 주목하여 주십시오.

[해설] a 관사 명사가 나온다.

[어휘] accurate 정확한   **respond** 반응하다   **valid** 타당한

13. Being a vegetarian I was extremely _____ to see a veggie burger on the menu at the restaurant.

(A) happy   (B) happier   (C) happily   (D) happiest

[정답] A

[해석] 채식주의자로서 나는 식당에서 채식주의자 버거를 보고 매우 기뻤습니다.

[해설] be(=was)+extremely(매우)+형용사가 나와야 한다.

[어휘] extremely 매우   **vegetarian** 채식주의자   **veggie** (미국 구어) 채식주의자

14. The price and performance gap between notebook PCs and desktops is narrowing due to _____ improvements in reduced notebook PC component pricing and improved performance.

(A) continue　　　(B) continues　　　(C) continuity　　　(D) continuous

[정답] D

[해석] 노트북 PC와 데스크 탑의 가격과 성능의 차이는 노트북 PC 부품 가격 인하와 개선된 성능으로 인하여 좁혀지고 있습니다.

15. Our promise is to provide _____ to meet your needs better than anyone else.

(A) serve　　　(B) serving　　　(C) service　　　(D) server

[정답] C

[해석] 우리의 계약은 다른 누구보다도 당신의 필요를 만족시키는 서비스를 제공하는 것 입니다.

[해설] provide(제공하다) 타동사의 목적격으로 명사가 나온다. 문맥상 service가 맞다.

[어휘] **promise** 약속

비교급과 최상급

▼

비교급은 두 대상을 비교해서 다른 대상보다 더~한(하게)란 의미를 최상급은 셋 이상의 여러 대상들 중에서 가장 ~한(하게)란 의미를 갖습니다.

1. 비교급 강조
 ① 비교급 앞에 much still even by far a bit yet somewhat을 첨가하여 뜻이 훨씬 더 뜻이 된다.
  일반적으로 형용사가 비교급으로 나오는데 부사도 나온다.
  이럴 때 해석을 해봐서 동사를 수식하면 부사를 비교급과 같이 쓴다.

> **Exercise**

1. Mr. Kim speech at the technology conference was _____ longer than keynote address.

   (A) too   (B) so   (C) even   (D) more

   [정답] C
   [해석] 기술회담에서 Mr. Kim씨의 연설은 기조연설 보다 훨씬 더 길었다.
   [해설] 비교급 longer than을 강조하는 even이 들어가 훨씬 이란 뜻을 가진다.
   [어휘] keynote address 기조연설

2. Many recent retirees have discovered that maintaining their standard of living is much _____ than they expected.

   (A) difficult   (B) difficulty   (C) more difficult   (D) much difficulty

   [정답] C

121

[해석] 최근 많은 은퇴자들은 그들의 생계비를 유지하는 것이 기대해 던 것보다 훨씬 어렵다는 것을 알았다.

[해설] more~ than 가운데 형용사 difficult가 들어간다.

[어휘] **retire** 은퇴자   **maintaining** 유지   **standard of living** 생계비

3. These days government inspectors examine factory machinery even _____ than before.

(A) more careful   (B) most careful   (C) most carefully   (D) more carefully

[정답] D

[해석] 요즘에는 정부 사찰단이 예전보다 훨씬 더 주의 깊게 공장 기계를 점검한다.

[해설] more ~than 사이 부사가 들어간다. carefully가 동사 examine을 수식하면 부사가 정답으로 나온다.

[어휘] **these days** 요즈음   **inspector** 조사관   **examine** 조사하다

　　　　machinery 기계류

2. as + 원급+ as <형용사가 원급으로 나온다.>

> **Exercise**

1. The paintings in this collection are as _____ as the ones in the artist"s debut exhibition.

(A) creatively   (B) more creative   (C) creative   (D) create

[정답] C

[해석] 이 소장품에 포함된 그림들은 그 화가의 데뷔 전 작품들만큼 창의적이다.

[해설] as ~원급 as 문제로 형용사가 정답으로 나온다.

[어휘] **collection** 소장품   **creative** 창의적인   **exhibition** 전시회

2. Opened last year family-owned Gino"s Pizzeria is as popular _____ the Little Italy restaurant chain.

(A) of   (B) either   (C) like   (D) as

[정답] D

[해석] 작년에 문을 연 가족이 운영하는 지노 피제리아는 리틀 이탈리아 식당 체인점만 큼 인기가 있다.

[해설] as +형용사 (popular) +as

[어휘] family-owned 가족이 운영하는   **popular** 인기 있는

3. Journalists from the Montgomery Gazette gathered _____ information about the scandal as the police department did.

(A) more than   (B) as much   (C) so many   (D) the most

[정답] B

[해석] <몽고메리 가제트>의 기자들은 스캔들에 대한 정보를 경찰서만큼 많이 수집했다.

[해설] as +형용사(much)+ as

[어휘] gather 모으다.   **journalist** 기자

3. 비교급과 최상급의 비교

① 셋 이상 또는 특정 범위 안에서 가장 ~한(하게)라는 의미를 나타날 때 쓴다. 형용 사의 최상급에는 the를 붙인다. **<the+ most+형용사/부사 the + est>**

1. The attendance rates at the city"s international food festival were _____ than expected.

(A) highly   (B) higher   (C) high   (D) highest

[정답] B

[해석] 시에서 주최한 국제 음식 축제의 참가율은 예상보다 높았다.

[해설] 빈 칸 뒤에 than은 비교급과 함께 쓰인다.

[어휘] **attendance** 참석   **international** 국제적인

2. The convention will be attended by some of the _____ politicians in the country.

(A) most prominent   (B) prominence   (C) more prominently   (D) prominently

[정답] A

[해석] 그 총회에는 국내에서 가장 유명한 정치인들 일부가 참석할 예정이다.

[해설] 관사 the와 명사 politicians 사이에 올 수 있는 것은 형용사이다.

[어휘] **convention** 총회   **politicians** 정치인   **prominent** 유명한

3. The trail is still fairly easy because the markers lead me through place that are the _____ to walk on.

(A) easy   (B) more easily   (C) easiest   (D) most easily

[정답] C

[해석] 지나간 흔적은 표지가 나를 가장 걷기 쉬운 곳으로 이끌었기 때문에 매우 찾기 쉬웠습니다.

[해설] 앞에 the가 있으므로 최상급 형용사가 와야 한다.

[어휘] **trail** 작은 길   **marker** 표를 하는 사람 표시가 되는 것   **walk on** ~을 걷다.

부사

부사는 동사 형용사 다른 부사와 문장전체를 수식해주면서 우리말의 "어떻게"에 해당 되는 방법이나 정도 등의 뜻을 나타내 준다. 일반적으로 **<형용사+ly>** 형태로 쓰이지만 예외적인 것도 있다.

1. 부사의 위치
 ① ✳ be동사 조동사 뒤 일반 동사 앞에 온다.
 ② ✳ be(부사)+ pp have (부사) + pp 가운데 온다.

Exercise

1. Most visitors to the Prince Gallery are _____ interested in seeing the collection of sculptures.

 (A) particularly   (B) particularity   (C) particular   (D) particulars

[정답] A

[해석] 프린스 갤러리를 찾는 대부분의 방문객들은 조각품 컬렉션을 보는 데 특히 관심이 있다.

[해설] be동사 + pp 가운데 부사가 위치한다.

[어휘] **particularly** 특히   **collection** 수집품   **sculpture** 조각품

2. Earl Tate"s latest novel is _____ regarded by both literary critics and general readers.

 (A) highest   (B) higher   (C) high   (D) highly

[정답] D

[해석] 얼 테이트의 최신 소설은 문학 비평가와 일반 독자들의 높은 평가를 받는다.

[해설] be 동사 +pp 사이에 부사가 온다.

[어휘] latest 최신의   **highly** 대단히   **regard** 간주하다   **literary** 문학비평가

3. My secretary has _____ finished her work.

(A) still   (B) yet   (C) already   (d) once

[정답] C

[해석] 내 비서는 그녀의 일을 이미 끝냈다.

[해설] secretary 비서

[어휘] secretary 비서   **still** 여전히   **once** 한번

2. 부사는 동사 가까이 있으면서 동사를 수식한다. 동사와 잘 어울리는 부사를 찾으면 된다. 부사는 완전한 문장을 이루기 때문에 **부사 없이 해석해도 완전한 문장**을 이룬다.

1. The price of gasoline is expected to rise _____ in the coming years.

 (A) steadied   (B) steady   (C) steadily   (D) steadiness

 [정답] C

 [해석] 석유 가격은 향후 몇 년 간 꾸준히 상승할 것으로 예상된다.

 [해설] rise를 수식하여 "꾸준히 오르다"

 [어휘] gasoline 석유   **rise** 오르다   **steadily** 꾸준히

2. Mr. Kim is _____ capable of overseeing production while Ms. Anderson is in vacation.

 (A) perfected   (B) perfectly   (C) perfections   (D) perfect

 [정답] B

 [해석] 김 씨는 앤더슨 씨가 휴가 중인 동안 생산을 완벽하게 감독할 능력이 있다.

 [해설] 뒤에 나오는 capable를 수식하여 완벽하게 할 수 있는 이란 뜻을 이루는 부사

 [어휘] be capable of ~을 할 수 있는   **overseeing** 휴가 중인

3. Ms. Thomas _____ reviews each article before sending it to the newspaper"s editor.

 (A) personal   (B) personally   (C) personable   (D) personalize

 [정답] B

 [해석] 토마스 씨는 신문 편집자에게 보내기 전에 각각의 기사를 직접 검토한다.

 [해설] 문장이 부사 없이도 완전한 문장이다. 동사 review를 수식한다.

 [어휘] article 기사   **editor** 편집자

전치사

전치사 명사 앞에 와서 on Saturday (토요일) at the school(학교에서) with anger(화가 나서) 등처럼 다양한 의미를 나타낸다.

✸ 전치사의 기본적인 뜻

for (~을 위한)
a parter for life <인생을 위한 파트너>

for (숫자의 기간)
for three years <3년 동안>

of (~ 의)
the increase of prey <먹이의 증가>

in (~안에)
war in Iraq <이라크에서의 전쟁>

from (~로부터)
benefit from the seminar <세미나로부터 혜택>

under (~하에)
opinion under press <압력 하에 여론>

at (좁은 장소)
meeting at Boston <보스톤에서 만남>

at (시간)
at 4:00 p . m . <4시에>

to (~로 ~에게)
to Tokyo < 동경에>

with (~와 같이)
struggle with an enemy <적과 함께 싸우다>

about (~에 관한)
a book about gardening <원예에 관한 책>

on (접촉)
a book on desk <책상 위에 있는 책>

by (~에 의해서 ~옆에 정도)
sit by the fire <난로 옆에 앉다>

through (~통해서)
travel through China <중국 각지를 여행하다>

within (~기한 안에)
arrive within an hour <1시간 안에 도착하다>

until (~까지는)
come until six <6시 까지 온다.>

against (~에 반대해서)	during (특정 기간)
<a regulation against smoking =금연 법>	during the five days <그 5일 동안>

across (가로 질러)	despite in spite of (~ 에도 불구하구)
across the street <거리를 가로 질러>	<despite trouble 고난에도 불구하구>

into (~안으로)

(=turn I can"t into I can) <부정적인 태도를 긍정적 태도로 바꾸다>

1. Your order No. 377 will be shipped _____ the end of the year.

(A) for   (B) toward   (C) by   (D) over

[정답] C

[해석] 377번 주문한 것은 연말까지 선적될 것이다.

[해설] by ~에 의해 ~까지

[어휘] **for** ~을 위해   **toward** ~을 향해(쪽으로)   **over** ~위에

2. The amusement park near Fresno Lake will b closed _____ next spring.

(A) soon   (B) until   (C) between   (D) often

[정답] B

[해석] 프레스노 호수 근체에 있는 놀이공원은 다음 봄까지 폐쇄될 것이다.

[해설] ~까지 인 by가 정답이다.

[어휘] **amusement park** 놀이공원

3. The name and address of the recipient should be clearly written _____ the outside of the package.

(A) with   (B) to   (C) on   (D) for

[정답] C

[해석] 수령인의 이름과 주소가 소포 바깥쪽에 분명하게 쓰여져 있어야 한다.

[해설] 표면에 접하고 있는 ~위에(on) 답으로 나온다.

[어휘] **recipient** 수령인   **clearly** 분명하게   **package** 소포   **with** ~와 함께

4. Lotte Hotels provides upscale accommodations at fifty locations _____ North America.

(A) behind   (B) among   (C) over   (D) across

[정답] D

[해석] 롯데 호텔은 북아메리카 전역에 걸쳐 50군데에서 최고급 숙박시설을 제공한다.

[해설] across ~전체에 걸쳐(~을 가로질러)가 정답으로 나온다.

[어휘] **behind** ~뒤에   **among** ~사이에   **over** ~위에   **across** ~에 걸쳐

5. All waterproof apparel _____ ski jackets is eligible for a substantial discount this week.

(A) between   (B) along   (C) before   (D) except

[정답] D

[해석] 스키 재킷을 제외하고 모든 방수 의류는 이번 주에 상당한 할인이 주어진다.

[해설] 문맥상 스키 재킷을 제외하고 except~을 제외하고 정답이다.

[어휘] **waterproof** 방수의   **apparel** 방수의   **be eligible for**~할 자격이 있다.
substantial 상당한   **between** ~사이에   **along**~을 따라   **before** ~전에

6. All supply orders exceeding $50 must be signed _____ Mr. Kim.

(A) over   (B) for   (C) by   (D) among

[정답] C

[해석] 50달러를 초과하는 모든 비품 주문은 김씨의 사인을 받아야 하다.

[해설] ~에 의해 by가 적절하다 be signed(수동태)는 뒤에 by가 나온다.

[어휘] **exceed** 초과하다   **among** ~의 사이에   **over**~을 넘는   **for**~을 위해

7. Tom Electronics attracts a broad clientele _____ its cutting-edge technology and high quality devices.

(A) from   (B) onto   (C) with   (D) of

[정답] C

[해석] 탐 일렉트로닉스는 최첨단 디자인과 우수한 품질로 넓은 고객층을 끌어들인다.

[해설] ~로 ~에 의해(수단)을 나타내는 with가 정답이다.

[어휘] **attract** 매력을 끌다   **cutting-edge** 최첨단   **onto**~(위)로   **of**~의   **from**~로부터

8. Visit the nearest bank in person to get more information _____ small business loans.

(A) out   (B) around   (C) to   (D) about

[정답] D

[해석] 소기업 대출에 대해 더 자세한 정보를 얻으려면 가까운 은행을 직접 방문하세요.

[해설] ~에 대해(about)이 정답이다.

[어휘] **out** ~밖에   **around** ~근처에   **to** ~로   **about** ~에 대해(관해)

9. You"ll probably arrive at the airport late _____ the heavy traffic.

(A) considering   (B) considered   (C) considers   (D) will consider

[정답] A

[해석] 교통 혼잡을 고려하면 당신은 아마도 공항에 늦게 도착할 것이다.

[해설] considering~을 고려하면 뒤에 목적어로 명사구가 나온다.(the heavy traffic)

[어휘] **the heavy traffic** 교통 혼잡

10. Please speak to Dr. Kim about any concerns you have _____ the medical treatment.

(A) regards   (B) regarding   (C) regarded   (D) regard

[정답] B

[해석] 의료 처치에 관해 우려되는 점이 있으시면 닥터 김씨에게 말씀하세요.

[해설] the medical treatment 명사구를 이끄는 것은 전치사 regarding(~관해)가 정답

[어휘] **concern** 걱정 염려   **medical treatment** 의학적 치료

2. ✱ **전치사 뒤에 명사나 동명사가 온다.**

1. After _____ the candidates you will decide ti whom you would like to offer the position.

    (A) interview   (B) interviews   (C) interviewing   (D) interviewed

    [정답] C
    [해석] 후보자들을 인터뷰한 후 당신은 그 위치에 누구를 제안할지 결정할 것입니다.
    [해설] 전치사 for 뒤에는 동명사가 온다.
    [어휘] candidate 후보자

2. The National Trust of Scotland depends on large donations from local business for _____ historical buildings.

    (A) maintaining   (B) maintain   (C) maintains   (D) maintenance

    [정답] A
    [해석] 스코틀랜드의 내셔날 트러스트는 역사적 건물들을 유지 관리하는데 지역 사업체들의 막대한 기부에 의존하고 있다.
    [해설] 전치사 for 뒤에 동명사가 정답으로 나온다.
    [어휘] depend on~에 의존하다   **donation** 기부   **local** 지역의
    maintain 유지 관리하다

3. The workshops focus on _____ employees to improve their sales skills.

    (A) encourage   (B) encourages   (C) to encourage   (D) encouraging

    [정답] D
    [해석] 그 워크숍은 직원들이 영업 능력을 향상시키도록 정리하는데 초점을 두고 있다.
    [해설] 전치사 on 뒤에 동명사가 목적어로 나온다.
    [어휘] focus on~에 초점을 두다   **encourage** ~을 격려하다   **improve** 향상시키다

1. If you are injured on the job there are several important steps to ensure that you receive full _____ for your claim.

(A) compensate　　(B) compensated　　(C) compensating　　(D) compensation

[정답] D

[해석] 직무 중에 상해를 입었을 때 당신의 청구에 대해 전액 보상 받을 수 있게 해주는 중요한 과정들이 있습니다.

[해설] full 형용사 뒤에는 명사가 온다.

[어휘] **claim** 요구 청구　　**compensation** 보상

2. In order to realize our strategic plan we will have to work _____ and in partnership with our customers.

(A) collaborate　　(B) collaborative　　(C) collaboratively　　(D) collaboration

[정답] C

[해석] 우리의 전략적 계획을 실현하기 위하여 우리는 협동적으로 일해야 하고 고객들과 협력하여야 합니다.

[해설] 앞에 동사 work를 수식하는 부사가 나와야 한다.

[어휘] **strategic** 전략상　　**collaboration** 협력

3. Please check that envelopes are addressed _____ to guarantee proper delivery.

(A) corrects　　(B) correctly　　(C) correcting　　(D) correction

[정답] B

[해석] 봉투들이 올바르게 배송 될 수 있도록 주소를 확인해 주시기 바랍니다.

[해설] 부사 correctly가 앞에 동사 are addressed를 수식한다.

[어휘] **address** 주소(성명)을 쓰다

4. All residence hall cafeterias will close at 2:30 p.m. March 16 and will resume____ scheduling March 26.

(A) regular   (B) regulars   (C) regularity   (D) regularities

[정답] A

[해석] 모든 주택 카페테리아가 3월 16일 오후 2시30분에 다시 열 것입니다.

[해설] scheduling 명사를 수식하는 형용사가 나와야 한다.

[어휘] **residence** 거주 주거   **regular** 규정의

6. Looking at sample resume that have been professionally written can help you create your own resume that is _____ and provides all the information that employers need.

(A) impress   (B) impressive   (C) impression   (D) impressing

[정답] **B**

[해석] 전문적으로 적혀진 이력서 예문을 보는 것은 당신의 이력서를 인상 깊게 만들어주고 고용주가 필요로 하는 정보를 제공할 수 있게 해줍니다.

[해설] be 동사 뒤에 형용사가 나온다.

[어휘] impressive 인상적인   resume 이력서

7. We are in the process of _____ an after sales service system to back up our products and sales partners.

(A) establish   (B) established   **(C)** to establish   (D) establishing

[정답] **D**

[해석] 우리는 우리의 제품과 판매 사원들을 뒷받침하기 위해 판매 후 서비스 시스템을 수립하고 있습니다.

[해설] 전치사 of는 뒤에 동명사를 목적어로 받는다.

[어휘] **backup** 뒷받침하다   **establish** 수립하다

         in the process of ~하는 과정에 있다.

8. Today the average American gets one-third of his calories from sugar and _____ more from other carbohydrates.

(A) all   (B) any   **(C) even**   (D) ever

[정답] C

[해석] 오늘날 평균적인 미국인들은 열량의 삼분의 일을 설탕으로부터 얻고 탄수화물에서 그보다 더 얻습니다.

[해설] 비교급을 수식하는 부사는 much even still 등으로 훨씬 더 의미로 쓰인다.

[어휘] **carbohydrates** 탄수화물

9. Air quality emission levels and sources in Seoul are _____ in proportion to those nationwide.

(A) compare   (B) compared   (C) comparing   (D) comparable

[정답] D

[해석] 서울의 공기배출 수준과 근원은 전국적 비율에 필적하고 있습니다.

[해설] be 동사 뒤에 형용사가 나와야 하다.

[어휘] **emission** 발산   **proportion** 비율 균형   **comparable** 비교되는

10. The stitches must be very small and the lines must be _____ straight.

(A) perfect   (B) perfectly   (C) perfection   (D) perfected

[정답] B

[해석] 바늘땀은 매우 작아야 하고 선은 완전히 올곧아야 합니다.

[해설] straight 형용사를 수식하는 부사가 와야 한다.

[어휘] **stitch** 한 바늘

11. Don"t use ATM machines that are hidden such as being located _____ pillars buildings walls or away from public view.

(A) over   (B) within   (C) down   (D) behind

[정답] D

[해석] 기둥이나 건물 벽 뒤 혹은 공공의 시야에서 벗어난 곳에 있는 자동 은행 단말기는 사용하지 마십시오.

[해설] over ~위에 within~안에 down ~아래로 behind ~뒤에 문맥상 behind가 정 답으로 나온다.

[어휘] **pillar** 기둥

 ## 정리하기

1. 형용사 어순(부사 +형용사+ 명사)으로 나온다.

2. 부사의 위치는 be동사 조동사 뒤 일반 동사 앞에 온다.

3. be(부사)+ pp have (부사) + pp 가운데 온다.

4. 부사는 동사 가까이 있으면서 동사를 수식한다.

5. 전치사 뒤에 명사나 동명사가 온다.

<풀이해법>: 먼저 제시어로 나온 선택지 단어를 살펴보고 문장 지문에서 나온 단어 들과의 연관성을 찾아 정답을 찾아낸다.

1. These modern machines increase the manufacturing _____ dramatically.

(A) component   (B) instrument   (C) capacity   (D) agreement

[정답] C

[해석] 이 최신 기계들은 제조 능력을 급격하게 증가시킨다.

[해설] 동사 increase와 자연스럽게 어울리는 capacity를 답으로 고른다.

[어휘] increase 증가시키다   **manufacturing** 제조   **dramatically** 급격하게

2. The manager inspected the _____ in the factory and replaced some of its parts.

(A) procedure   (B) innovation   (C) construction   (D) equipment

[해석] 관리자는 공장의 장비를 점검하고 나서 일부 부품을 교체했다.

[정답] D

[해설] 점검을 받고(inspected) 부품(parts)을 교체할 수 있는 것은 equipment(장비)이다.

[어휘] inspect 점검하다   **replace** 교체하다   **part** 부품

3. The air-conditioning units were just delivered and were _____ by the technician.

(A) posted   (B) conducted   (C) installed   (D) introduced

[정답] C

[해석] 에어컨 제품이 막 도착해서 기술자가 설치했다.

[해설] 기술자(technician)가 에어컨을 설치한다.

[어휘] deliver 배달하다   **technician** 기술자   **install** 설치하다

4. The factory machinery is inspected once a month to ensure it _____ properly.

(A) changes   (B) functions   (C) simplifies   (D) transports

[정답] B

[해석] 공장 기계류는 제대로 작동하는지 확실히 하기 위해 한 달에 한 번씩 점검된다.

[해설] inspected(점검을 받고) ensure(확실히 하다)와 (기계들이)제대로 작동하다 function 을 고른다.

[어휘] **inspect** 점검하다   **ensure** ~을 확실히 하다   **simplify** 간소화하다   **transport** 운반하다

5. To avoid shipping damage _____ items should be carefully packaged in bubble wrap.

(A) deliberate   (B) fragile   (C) supportive   (D) cautious

[정답] B

[해석] 배송 중 손상을 막기 위해 깨지기 쉬운 제품은 비닐 기포 포장지에 꼼꼼하게 포장해야 한다.

[해설] shipping damage(배송 중 손상)과 관련된 단어는 fragile(깨지기 쉬운)이다.

[어휘] **deliberate** 신중한   **avoid** 피하다   **cautious** 조심하는   **package** 포장하다

6. The IT department took very _____ measures to guard against computer viruses.

(A) total   (B) defective   (C) complete   (D) effective

[정답] D

[해석] IT부서는 컴퓨터 바이러스가 생기지 않도록 보호하기 위해 매우 효과적인 조치를 취했다.

[해설] measure(조치) guard against(보호하기 위해서) 단어들과 가장 잘 어울리는 것은 effective(효과적인)이다.

[어휘] **department** 부서   **measure** 조치   **against** ~에 대항하여

7. Workers who want to relocate to the Midwood branch should _____ a request to Mr. Kim.

(A) advise   (B) submit   (C) engage   (D) accept

[정답] B

[해석] 미드우드 지점으로 이전하기를 원하는 직원들은 김 씨에게 신청서를 제출해야 한다.

[해설] transfer request (이전 요청)과 문맥상 어울리는 동사는 relocate 근무지 이전 동사이다.

[어휘] **relocate** ~에 위치하다   **request** 요청하다   **branch** 지점 지사

8. Even though Mr. Kim does not meet the _____ for the role she was given a chance to have an interview.

(A) positions   (B) careers   (C) qualifications   (D) rewards

[정답] C

[해석] 김 씨는 그 역할에 대한 자격 요건을 충족하지 않음에도 불구하고 면접을 볼 기회가 주어졌다.

[해설] meet(~을 충족시키다)라는 동사와 어울리는 qualifications가 정답이다.

[어휘] **reward** 보상   **meet** 충족시키다   **have an interview** 면접을 보다

9. Individuals with more than five years of experience are _____ to apply for the head researcher position.

(A) controlled   (B) flexible   (C) possible   (D) eligible

[정답] D

[해석] 5년 이상의 경험을 가진 사람들은 선임 연구원 직에 지원할 자격이 있다.

[해설] experience(경험하다) head researcher position(선임 연구원)과 관련 있는 eligible(~할 자격 있는)이 정답이다.

[어휘] **individual** 개인   **apply for**~에 지원하다   **head researcher** 선임 연구원

10. Personal Manager Sue Rice will soon _____ new contracts with exceptional employee.

(A) present   (B) cooperate   (C) negotiate   (D) achieve

[정답] C

[해석] 인사팀장인 수 라이스는 조 마간 특출한 직원들과 새로 계약을 협상할 것이다.

[해설] contract(계약)은 협상하는 대상이므로 정답은 negotiate이다.

[어휘] **cooperate** 협동하다   **achieve** 성취하다   **personnel manager** 인사팀장
        contract 계약서   **exceptional** 특출한

11. To increase productivity Sulley Textiles Company has _____ an employee incentive plan.

(A) implemented   (B) collaborated   (C) collected   (D) separated

[정답] A

[해석] 생산성을 늘리기 위해서 설리 섬유는 사는 직원 성과급 제도를 시행했다.

[해설] an employee incentive plan(직원 성과급 제도)와 어울리는 implemented (시행하다)가 정답이다.

[어휘] **collaborated** 협업하다   **collected** 모으다   **separated** 분리하다
        productivity 생산성

12. Jasper Cocker will receive an award at the meeting for his _____ performance this year.

(A) increased   (B) outstanding   (C) urgent   (D) determined

[정답] B

[해석] 제스퍼 카커는 올해 뛰어난 실적으로 회의에서 상을 받을 것이다.

[해설] receive an award(상을 받다)와 호응을 이루는 단어는 outstanding(뛰어난 탁월한)이다.

[어휘] **outstanding** 뛰어난   **urgent** 긴급한   **determined** 결심한

13. All employees must comply with the restaurant"s new health and safety _____ .

(A) admissions   (B) contributions   (C) regulations   (D) observations

[정답] C

[해석] 모든 직원은 식당의 새로운 보건 및 안전 규정을 따라야 한다.

[해설] comply with~을 따르다 와 상관되는 단어는 regulations 규정이다.

[어휘] admission 입장   **contribution** 공헌 기여   **observation** 관찰   **safety** 안전

14. Mr. Kim hopes to _____ its customer base by creating a range of men"s clothing.

(A) refer   (B) require   (C) expand   (D) arrive

[정답] C

[해석] 김 씨는 남성 의류 제품을 만들어서 고객층을 확대하고 싶어 한다.

[해설] by creating a range of men"s clothing 남성 제품 군들을 새로 만듦으로써 획득할 수 있는 것으로 expand 확장하다 확대하다가 답이 된다.

[어휘] refer 언급하다   **expand** 확장하다   **by ~ing** ~함으로써   **clothing** 의류

15. Once our new laptop computer has been developed it will be _____ in all major electronics stores.

(A) responsible   (B) available   (C) desirable   (D) flexible

[정답] B

[해석] 우리 회사의 노트북 컴퓨터는 일단 개발되기만 하면 모든 대형 전자 제품상점 에서 구입할 수 있을 것이다.

[해설] our new laptop computer 새로운 노트북 컴퓨터 developed 개발하다 연관 있는 available 정답이 된다.

[어휘] responsible 책임 있는   **available** 구입할 수 있는   **desirable** 바람직한   **flexible** 융통성 있는   **electronics** 전자제품

16. The market research team is _____ possible reasons why the

product does not appeal to customers.

(A) investigating   (B) contacting   (C) protesting   (D) removing

[정답] A

[해석] 시장 조사 팀은 제품이 고객들의 관심을 끌지 못하는 이유로 가능한 것들을 조사하고 있다.

[해설] possible reasons why 가능한 이유를 조사하다 investigating가 어울린다.

[어휘] **investigating** 조사하는   **protesting** 보호하는   **removing** 제거하는

     appeal to~호소하는

17. Hotel Lotte keeps its guest happy by offering room service meals at a

_____ price.

(A) cautious   (B) reasonable   (C) temporary   (D) durable

[정답] B

[해석] 롯데 호텔은 저렴한 가격에 룸 서비스 식사를 제공함으로써 손님들을 만족시킨다.

[해설] price을 수식해 의미가 통하는 reasonable 합리적인이 정답이다.

[어휘] **cautious** 합리적인   **temporary** 임시적인   **durable** 오래 지속되는

     offer 제공하다

18. Mr. kim deals directly with customer _____ about product defects

and performance issues.

(A) purchases   (B) complaints   (C) satisfaction   (D) requirements

[정답] B

[해석] 김 씨는 제품 결합 및 성능 문제에 관한 고객 불만을 직접 처리한다.

[해설] product defects 제품 결합과 관련 있는 complaint 불평이 정답이다.

[어휘] **deal with**~을 처리하다   **defect** 결합   **performance** 성능   **requirement** 요건

     satisfaction 만족   **purchase** 구입   **complaint** 불만

19. Organizers are still trying to reserve a suitable _____ for the Annual Broadcasting Awards Dinner.

(A) candidate   (B) venue   (C) promotion   (D) benefit

[정답] B

[해석] 주최자들은 아직도 연례 방송 시상식 만찬을 열 적당한 장소를 예약하려고 애쓰고 있다.

[해설] reserve 예약하다 Annual Broadcasting Awards Dinner. 시상식 등과 관련된 단어를 찾으면 된다. venue (행사) 장소

[어휘] **candidate** 후보자   **promotion** 승진   **benefit** 혜택   **organizer** 주최자
     suitable 적당한

20. Do not make any travel plans until you receive _____ from your supervisor.

(A) materials   (B) admission   (C) approval   (D) comments

[정답] C

[해석] 상사로부터 승인을 받을 때까지는 여행 계획을 세우지 마라.

[해설] make any travel plans 여행계획 휴가를 내려면 과 연관되는 단어는 approval 승인이다.

[어휘] **admission** 허가 입장   **approval** 인정 승인   **comments** 논평
     supervisor 감독관 상사

PART 7

1. 문장 위치 찾기 문제 유형

[문제해법] 지시사 접속부사 대명사에서 단서를 찾는다.

◇ **지시사** : this(이것), these(이것들), that(저것), those(저것들)

◇ **접속부사** : therefore(그러므로), however(그러나), in addition(게다가)

as a result(그 결과), consequently(따라서), furthermore(더욱이)

◇ **대명사** : it(그것), he(그), she(그녀), they(그것들)

2. 빈칸 앞뒤에 있는 문장의 **명사나 동사에 관련된 단어를 찾는다.**

① I would like to talk to you about the issue that we discussed last week. Please let me know if you are available to (postpone / speak) with me any time.

[해석] 우리가 지난주에 논의한 사안에 관해 당신에게 이야기해 주고 싶습니다. 저와 이야기하기에 가능한 시간이 있으신 지 언제든지 알려주세요.

[해설] 앞 문장에 제시된 동사 talk가 단서가 되어 그 의미와 비슷한 speak가 정답이다.

[어휘] would like to~하고 싶다   **discuss** 토의하다   **available** 이용 가능한

3. **However는 앞뒤 상반되는 문장이 나온다.**

① We are sorry to let you know that the position you applied for **has already been filled**. (Therefore / **However**) **your qualifications had impressed** us enough to recommend you for another position in the sales department.

[해설] 앞 문장에서는 직책이 채워졌다고 했는데 뒤 문장에서는 자격 요건이 인상적이었다고 말하고 있으므로 앞뒤 문장은 상반됨을 알 수 있다.

[해석] 귀하가 지원한 직책은 이미 채워 졌음을 알리게 되어 유감입니다. 그러나 귀하의 자격 요건은 귀하를 영업부서의 또 다른 직책에 추천할 수 있을 만큼 저희에게 인상적이었습니다.

[어휘] apply 지원하다   **qualification** 자격   **impress** 인상을 주다

recommend 추천하다

4. 정보나 안내를 전달하는 내용의 경우 현재 시제나 미래가 정답이다.

① A few days ago I noticed that some of the charges on my bill were completely wrong. **Enclosed (is** / will be) a copy of the bill I received when I checked out from your hotel.

   [해설] 동봉된 것을 구체적으로 알리는 표현이므로 항상 현재시제를 쓴다.

   [해석] 며칠 전에 저는 제 청구서에 요금 중 일부가 완전히 잘못되었다는 것을 알았습니다. 동봉된 것은 제가 당신의 호텔에서 체크아웃 할 때 받았던 청구서의 사본입니다.

   [어휘] notice 알아차리다　　**enclosed** 동봉된

5. 문장 고르기 문제의 핵심 단서는 지시사이다.

① The new play is going to start next week at Jam Sil station. The City of Seoul will no longer take online tickets. **This** new policy will in effect in March and will stay in effect for the next two seasons as well.

   [해설] 뒤 문장에 지시 형용사 This가 있다. 지시 형용사는 앞에 나온 내용을 가리키며 This new policy라고 했으므로 빈 칸에는 정책에 관해 언급한 문장이 들어가야 한다.

   [해석] 서울시는 더 이상 온라인 티켓을 받지 않을 것입니다. 이 새 정책은 3월에 시작되고 다음 주 시즌 동안 역시 효력이 지속될 것입니다.

   [어휘] effect 효력　　**no longer** 더 이상 ~하지 않다

6. 문장 삽입 고르기 문제는 가장 마지막에 풀고 괄호 앞뒤 문장에서 단서를 찾는다.

[실전문제유형1]

Your VS3 Anti-Virus subscription is scheduled to automatically renew on August 3. -[1]- As a reminder your subscription includes an automatic renewal feature which provides uninterrupted protection against viruses and spy ware. You do not need to do anything -[2]-. VS3 will automatically charge the regular subscription fee of $57.99 to your credit card. Once the payment has been processed we will send a separate confirmation e-mail summarizing the charges. -[3]-.If you wish to cancel the automatic renewal feature you may do so by signing in to your VS3 account at www.myVS3.com. -[4]-. Also please note that you must turn off the auto renewal feature by August 3 to avoid the automatic charge.

Q. In which of the positions marked [1] [2] [3] and [4] does the following sentence best belong?

"However canceling the auto renewal feature will leave you at significant risk from the latest security threats."

(A) [1]   (B) [2]   (C) [3]   (D) [4]

[정답] D

[해석] 귀하의 VS3 바이러스 퇴치 서비스 이용은 8월 3일에 자동으로 갱신될 예정입니다. -[1]-.상기시켜 드리는 바 귀하의 서비스 이용에는 바이러스와 스파이 웨어를 지속적으로 차단해주는 자동 갱신 기능이 포함되어 있습니다.
귀하가 하실 일은 없습니다. -[2]-. VS3는 자동적으로 귀하의 신용카드에 정기 이용료인 57.99 달러를 청구할 것입니다. 일단 납부가 처리되면 요금에 대해 요약한 별도의 확인 이 메일을 보내 드릴 것입니다. -[3]-.만약 자동 갱신 기능을 취소하고 싶으시다면 www.myVS3.com에서 귀하의 VS3 계정에 로그인 함으로써 그렇게 하실 수 있습니다. -[4]-. 또한 자동적인 부과를 피하려면 8월3일 까지 자동 갱신 기능을 중지해야 한다는 것을 유념해 주십시오.

[해설] 주어진 문장 앞에 However가 있다. However를 기준으로 앞에는 자동갱신이 되지 않는 방법을 알려주는 문장이 뒤에는 그랬을 경우 좋지 않은 점에 관해 언급한 문장이 이어진다.

[어휘] **subscription** 구독   **renew** 갱신하다   **feature** 특징 기능

　　　uninterrupted 중단 없는   **charge** 청구하다   **subscription fee** 구독료

　　　payment 지불   **process** 처리하다   **account** 계정   **turn off** 끄다   **avoid** 피하다

7. E-Mail 편지

[문제유형] : E-Mail 주소와 수신자명(To) 발신자명(From) 제목(Subject)가 제시된다.

① **<지문전개1> 글을 쓰는 목적(purpose) 제시: 답을 두괄식에서 찾는다.**

◇ I"m writing this e-mail(letter) to do~<저는 ~하기 위해 이 이메일(편지)을 쓰고 있습니다.>

◇ The purpose of this e-mail(letter) is to do~<이 이메일(편지)의 목적은 ~입니다.>

② **<지문전개2> 세부 내용 전개와 핵심 요청 사항**

◇ I would appreciate it if~ <만약 ~해주시면 감사하겠습니다.>

◇ Please let me know~ <~을 저에게 알려주십시오.>

◇ Could you do me a favor? <제 부탁 좀 들어 주시겠습니까?>

③ **<지문전개3> 추가 내용 및 첨부 파일**

◇ I have included~ <제가 포함한 것은 ~입니다.>

◇ Enclosed(Attached)is ~ <동봉된(첨부된) 것은 ~입니다.>

[실전문제유형 2]

To : Bernie Collins

<bcollins @collinssupplies.com>

From : Margaret Ling

<mling@webmail.com>

Date : October 18

Subject : Recent order

Dear Mr. Collins

[글의 목적] I"m writing to report a problem with a recent delivery. I purchased a photocopier from your store and it was delivered yesterday. The machine is in perfect working order and I am pleased with it.

[글의 세부 내용과 요청사항] However I also ordered a box of extra ink cartridges for the machine and that was not included with the delivery. I checked the invoice later and saw that I was charged for the cartridges. **Please let me know by e-mail what the problem is and when I can expect the delivery.**

[추가 내용 및 첨부 파일] We are going to need the cartridges very soon so I hope to receive them as

quickly as possible. **I have attached a copy of my invoice for your reference.**

Sincerely

Margaret Ling

Appleton Office

Q1. What is the main purpose of the e-mail? <이 메일의 주된 목적은?>

A1: To report a problem with an order <주문의 문제를 알리기 위해서>

Q2. What does Ms. Ling ask Mr. Collins to do? <링씨가 클린씨 한태 요청한 것은?>

A2: Inform her when the items should arrive<그녀에게 물품들이 언제 도착할지 알려주기>

Q3. What has Ms. Ling included? <링 씨가 첨부한 것은?>

A3: A transaction document <거래 서류>

저는 최근 배송에 대한 문제를 알리기 위해 글을 쓰고 있습니다. 당신의 가게에서 복사기를 구매했고 어제 배송을 받았습니다. 그 기계는 완벽하게 정상적으로 작동했고 저는 그것에 만족했습니다.

그러나 저는 그 기계에 쓸 추가 잉크 카트리지 한 박스도 주문을 했는데 그것은 배송에 포함되어 있지 않았습니다. 송장을 나중에 확인하고 카트리지 가격이 청구된 것을 보았습니다. 무엇이 문제인지 그리고 언제 배송을 받을 수 있을지를 이메일로 알려주세요. 저희가 조만간 카트리지가 필요하므로 가능한 한 빨리 받고 싶습니다. 당신에게 참고가 될 수 있도록 송장 한 부를 첨부합니다.

애플턴 사무실

마가렛 링

8. 질문에 about이 있는 문제유형

[문제유형]: What is stated /indicated /mentioned / suggested / inferred+ about

<문제해법> 해석할 필요 없이 about 뒤에 나오는 명사와 내용이 일치하는지 살펴본다.

[실전문제유형 3]

We are very pleased to offer you a position as media analyst of **International Cooperation Agency.** Following the discussion after the interview. we suggest that you work at our headquarters in Tokyo Japan. You will report directly to Ms. Kanamoto manager of the advertising department in Tokyo if you accept this offer.

Q. What is stated **about International Cooperation Agency?**

(International Cooperation Agency에 관해 언급된 것이 아닌 것은?)

(A) It is looking for an engineer. <엔지니어를 구하고 있다>

(B) Its owner is Ms. Kanamoto. <소유주는 Kanamoto 씨이다.>

(C) Its head office is located in Tokyo. <본사가 Tokyo에 위치해 있다>

(D) It sells automobile. <자동차를 판매한다.>

[정답] C

[해석] 귀하에게 International Cooperation Agency의 미디어 분석가로서의 직책을 제안하게 되어 매우 기쁩니다. 면접 후 논의에 따라 귀하가 일본 Tokyo에 있는 저희 본사에서 근무할 것을 제안합니다. 이 제안을 수락하시면 Tokyo에 있는 광고부의 부장인 Kanamoto 씨에게 직접 보고를 하게 될 것입니다.

[해설] 질문에 about이 있는 문제로 about뒤에 나오는 명사인 International Cooperation Agency를 기준으로 사실 여부를 판단해 보면 두 번째 문장에 일본 Tokyo에 있는 본사라 고 제시되어 있으므로 (C)가 정답이다.

[어휘] analyst 분석가 **headquarter** 본사 **directly** 바로 **accept** 받아들이다

9. 질문에 NOT이 있는 문제유형

[문제유형]: According to the description for whom is this bag NOT intended?

<문제해법> 선택지의 내용을 지문에 대입하여 지문에 없는 내용을 찾는다.

[실전문제유형 4]

The internal padded sleeve fits most laptops with 17-inch screen and keeps your laptop secure even on bumpy **bicycle rides**. Large internal compartment has enough space for several books folders and files. Perfect as a carry-on for

business trips or for **a busy college schedule.**

Q: According to the description for whom is this bag NOT intended?

설명에 따르면 이 가방은 누구를 위해 만들어진 것이 아닌가?

(A) University students

(B) Bicycle riders

(C) Traveling business people

(D) Vehicle rivers

[정답] D

[해석] 내부에 패드를 덧댄 덮개는 17인치 스크린을 가진 대부분의 노트북 컴퓨터와 잘 맞으며 심지어 울퉁불퉁한 자전거 주행 때도 노트북 컴퓨터를 안전하게 보호해줍니다. 대형 내부 칸은 여러 권의 책 폴더와 파일들을 위한 널찍한 공간을 가지고 있습니다. 출장이나 바쁜 대학 일정을 위한 휴대용 가방으로 완벽합니다.

[해설] 본문 내용에 없는 (D)를 정답으로 한다.

[어휘] compartment 칸막이 구획   business trip 출장

10. 별표(*)로 표시되어 있는 부분 문제유형

[문제유형]:What would be the room rate if three guests stay at the hotel?

<문제해법> 표나 그래프가 나올 경우 별표를 포함한 여러 가지 특별한 표시가 있는 문장이나 이탤릭체로 된 문장은 지문을 반드시 해석해야 한다.>

[실전문제유형 5]

Stay in the world"s finest hotel!

we Eco Paradise Hotel offer you the season"s new greeting promotions!

-one-night stay in Deluxe room with complimentary breakfast

-Free access to outdoor pool gym and sauna

-15% discount on foods & beverages spent in the hotel Room Rate Price at &300

This promotion covers 2 guests per room. An extra charge of $50 will be placed for each additional guest.

Q. What would be the room rate if three guests stay at the hotel?

호텔에서 3명의 손님이 숙박할 경우 객실 요금은 얼마인가?

(A) $300   (B) $350   (C) $400   (D) $450

[정답] B

[해석] 세계 최고의 호텔에서 숙박하세요!

저희 Eco Paradise Hotel에서는 새로운 계절맞이 프로모션을 제공합니다!

-무료 아침 식사와 함께 디럭스 룸에서의 1박

-실외 수영장 체육관 사우나 무료 이용

-호텔 음식 및 음료 15%할인 & 객실 요금 300달러

* 이 프로모션은 객실 당 2명이 정원입니다. 추가 투숙객에 대해서

50달러의 추가 요금이 청구될 것입니다.

[해설] 먼저 객실 요금은 지문 끝부분에서 300달러로 확인된다. 그리고 맨 아래 별표(*)로 제시된 내용에서 이 프로모션은 객실당2명이 정원이고 추가 투숙객에 대해 50달러 추가 요금이 청구될 것이라고(This promotion covers 2 guests per room. An extra charge of $50 will be placed for each additional guest)했으므로 총 3명이 투숙할 경우 객실 요금 300달러에 추가 인원 1인에 대해 50달러가 더 청구될 것임을 알 수 있으므로 (B)350달러가 정답이다.

[어휘] **complimentary** 무료의   **access** 접근. 이용   **available** 이용 가능한   **beverage** 음료   **room rate** 객실 요금   **charge** 요금   **additional** 추가적인

11. 날짜를 묻는 문제유형

[문제유형]: **What happened on August in Brazil?**

<문제해법> 지문에 나타난 날짜를 찾아 그 앞뒤관계를 읽는다.

[실전문제유형 6]

A survey was conduced to research on each region"s preference over certain men"s clothing and to use the results as a marketing planning strategy.

The research **started on July 20 and ended on August 20** in major malls in North South West and East regions of Brazil.

The results show findings customer preferences for certain brands over others.

Q. What happened on August 20 in Brazil?

<8월20일 브라질에서 무슨 일이 있었는가?>

[정답] A study regarding customer preferences ended. <고객 선호도에 관한 연구가 종료되었다.>

[해석] 각 지역의 특정 남성복에 대한 선호도를 조사해 그 결과를 마케팅 계획 전략에 이용하기 위한 조사가 실시되었다. 그 조사는 브라질의 동서남북 지역의 쇼핑몰 들에서 7월20일에 시작해 8월20일에 종료되었다. 그 결과는 다른 브랜드에 비교한 특정 브랜드들에 대한 고객 선호도에 관한 결과들을 보여준다.

[해설] started on July 20 and ended on August 20 뒤에 나오는 The results show findings customer preferences for certain brands over others.에서 답을 찾는다.

[어휘] **strategy** 전략　　**regions** 지역　　**preferences** 선호도

12. 구인광고(Job Advertisement)를 묻는 유형

<문제해법>

◇ 구인광고는 어떤 자리가 공석(opening)으로 나왔는지를 밝힌 후 이에 대한 자격요건(qualifications) 및 직무(duties)가 열거된다. 마무리는 이력서(resume) 자기소개서(cover letter) 추천서(a letter of recommendation) 등의 지원방법을 알려준다.

<지문전개1> 광고되고 있는 일자리(직위)

◇ Who is looking to hire ~ <~을 고용하려고 찾고 있습니다.>

◇ We currently have vacant position in~ <저희는 현재 ~에 공석이 있습니다.>

◇ We have a job opening for~ <저희는 ~에 대한 일자리 공석이 있습니다.>

<지문전개2> 해당 일자리(직위) 자격요건이나 직무 복지혜택 설명

◇ Degree(experience) is required ~ <학위(경력)이 필요합니다.>

<지문전개3> 일자리 (직위)에 대한 지원 방법

◇ To apply for the job(position)~ < 일자리(직위)에 지원하기 위해서는 ~하세요.>

◇ Send a resume cover letter and a letter of reference.

◇ <이력서 자기소개서 추천서를 보내 주세요.>

◇ Fill out an application form. <지원서를 작성해 주세요.>

POSITION NOW AVAILABLE

Edward Regency Hotel

[일자리(직위)명시] At the Edward Regency Hotel we are currently looking for two members for our housekeeping staff. The selected applications will start the job on May 20.

[자격 요건 직무 복지혜택] A minimum of two years of housekeeping experience is required. but additional training equipment is also an asset. Candidates should be willing to work some weekend shifts. We offer good salaries with a generous benefits package. Employees are provided two weeks of annual vacation and receive insurance coverage.

[지원방법] To apply for a position drop off a copy of your resume at the hotel"s administrative office located at 443 29th Avenue. Only selected candidates will be contacted for interviews which will take place on May 16.

Q1. What type of job is being advertised? <광고되고 있는 직업의 종류는?>

Q2. What is requirement of the position? <자리의 요구 조건은?>

Q3. How can applicants apply for the job? <지원자들이 일자리에 지원할 방법은?>

[정답] Q1 Cleaning staff <청소직원>

Q2 Previous work experience <이전 경력>

Q3 By submitting a resume <이력서를 제출해서>

[해석] 현재 지원 가능한 자리: 에드워드 리젠시 호텔

에드워드 리젠시 호텔에서 현재 시설 관리 직원 두 명을 찾고 있습니다. 선택된 지원자들은 5월20일에 그 일을 시작할 것입니다. 최소 2년의 시설 관리 경력이 요구되지만 추가 교육이 제공될 것입니다. 청소 장비에 대한 지식 역시 자산이 됩니다. 지원자들은 주말 교대에도 기꺼이 일해야 합니다. 우리는 후한 복리후생 제도와 함께 넉넉한 급여를 제공합니다.

직원들은 2주일의 연차 휴가를 제공받고 보험의 보상도 받게 됩니다.

자리에 지원하기 위해서는 이력서를 29번가의 443번지에 위치한 호텔 행정실에 갖다 놓으세요.

선정된 지원자 들만이 5월 16일에 있을 면접을 위해 연락 받을 것입니다.

[해설] 패러프레이징(바꿔 말하기) 같은 품사와 뜻을 가진 동의어로 바꿔 쓰는 것을 이해해야 한다.

Q1 housekeeping staff를 cleaning staff로 바꿔 쓰고 있다.

Q2에서는 A minimum of two years을 Previous work experience로 바꿔 쓰고 있다.

Q3. 에서는 drop off a copy of your resume을 By submitting a resume로 바꿔 쓰고 있다.

[어휘] **currently** 현재   **applicant** 지원자   **shift** 교대   **benefits package** 복리후생제도

   insurance coverage 보험   **apply for**~을 지원하다   **drop off**~을 갖다 놓다

   administrative 행정의   **candidate** 후보자   **take place** 발생하다

13. 동의어 찾기 문제 유형

<문제해법> 보기의 단어를 본문에 대입해보고 가장 의미가 유사한 단어를 고른다. 경우에 따라서는 제시된 단어를 알고 선택지에 나오는 단어만 알고 있으면 정답을 쉽게 찾을 수 있다.

Diatsu Promises 12 Million in Sales

by Steven Mercer Business Reporter

Diatsu Motors announced yesterday its plan to sell 12 million vehicles in the upcoming year a number **well** above the auto industry record of the past 20 years. At the Tokyo press conference Diatsu President Akira Yamashika said that achieving this objective will be a major top for Diatsu on the way to becoming the world"s top automobile manufacturer and beating American Standard Auto Diatsu"s major international competitor.

Q. The word "well" in paragraph 1 line 2 is closest in meaning to

<첫 번째 단락 두 번째 줄의 단어 well과 그 의미가 가장 유사한 것은?>

(A) cool 시원한   (B) out 밖   (C) way 훨씬   (D) good 좋은

[정답] C

[해석] Diatsu 1200만 대 판매 약속

비즈니스 기자 Steven Mercer

Diatsu Motors는 어제 다가오는 해에 지난 20년간 자동차 업계 기록을 훨씬 웃도는 수인 1200만대의 차량 판매 계획을 발표했다. 도쿄 기자 회견에서 Diatsu의 회장인 Akira Yamashika는 이 목표를 달성하는 것은 Diatsu가 세계 최고의 자동차 제조업체가 되고 Diatsu 의 주요 해외 경쟁업체인 American Standard Auto를 능가하는 길에 있어 중요한 단계가 될 것이라고 말했다.

[해설] 지난 20년간 자동차 업계 기록을 훨씬 웃도는 수라고 해석 된다. 강조 표현에 해당하는 "훨씬" "상당히"와 그 의미가 비슷한 way(훨씬)가 정답이다.

[어휘] **announce** 발표하다   **auto industry** 자동차 산업   **beat** 이기다
competitor 경쟁자

14. 의도 파악 문제유형

<문제해법> 대부분의 경우 바로 앞에서 상대방이 언급한 내용에서 답을 찾는다.

[실전문제풀이 9]

John Huntsaker [1:35 P.M]

Hi It is John in Los Angeles. **I think I left my consumer report on my desk. I need it for my presentation tomorrow. Can you do me a favor?**

Emma Watson

Sure thing. I will scan it and send it to you by-email. What is your e-mail address?

John Huntsaker [1:38 P.M]

It is hunt@namsys.com. Thank you very much.

Q. At 1:37. what does Ms. Watson most likely mean when she writes "Sure thing"?

<오후 1:37에 Watson 씨가 "Sure thing"이라고 쓴 것은 어떤 의미일 법 한가?>

(A) She will help Mr. Huntsaker. <그녀는 Mr. Huntsaker 씨를 도와줄 것이다>

(B) She will make a presentation. <그녀는 발표를 할 것이다>

(C) She is sure about where the document is. <그녀는 서류가 어디에 있는지 안다.>

(D) She is very good at scanning. <그녀는 스캔을 아주 잘한다.>

[정답] A

[해석] John Huntsaker [1:35 P.M]

안녕하세요. Los Angeles의 John이에요. 제 소비자 보고서를 책상 위에 두고 온 것 같아요. 내일 발표에 그게 필요한데요. 부탁 좀 들어줄 수 있나요?

Emma Watson

물론이죠. 제가 스캔해서 이메일로 보내 드릴 게요. 이메일 주소가 뭐죠?

John Huntsaker [1:38 P.M]

It is hunt@namsys.com. 정말 고마워요.

15. 추론 문제 유형

<문제해법> [아마~일 것 같은 것은 무엇인가?] 와 같이 [infer imply expect suggest indicate] 등을 통해 답을 찾는 문제 유형이다. 내용 연상에 의존하지 말고 반드시 지문에서 단서를 찾아야 한다.

<문제유형>

◇ What does the memo imply about Mr. Smith? 메모가 스미스씨에 대해 암시하는 것은?

◇ What can be inferred about Asia Air? 아시아 항공에 대해 추론할 수 있는 것은?

◇ What is probably true about the meeting? 회의에 대해 아마 사실인 것은?

◇ What most likely does the attachment refer to? 참조된 첨부 물로 가장 유력한 것은?

[실전문제풀이 10]

Please join us for Personal Manager Valerie Wiley"s retirement dinner on August 13. All employees are invited and it will be a great opportunity for everyone to meet Travis Harding. Mr. Harding will be in charge of all personnel and administrative employees after the departments are combined next month.

Q. What does the notice imply about the company?<공지가 회사에 대해 암시하는 것은?

  (A) It is moving to new location <새로운 지점으로 옮겨갈 것이다>

  (B) It currently has a job opening. <현재 공석이 있다.>

  (C) It has recently hired Valerie Wiley. <최근에 바레리와일리씨를 고용했다.>

  (D) It plans to restructure its departments. <부서들을 구조 조정할 계획이다.>

  [정답] D

  [해석] 인사 팀 부장인 발레리 와일리씨의 8월 13일 은퇴 기념식에 함께해 주십시오. 모든 직원들이 초대되며 모두에게 트래비스하딩 씨를 만나게 될 좋은 기회가 될 것입니다. 하딩씨는 **다음 달에 부서들이 통합되고 난 후 모든 인사 팀과 행정 팀 직원들을 맡을 것입니다.**

  [해설] 마지막 문장 단서에 부서들이 다음 달에 통합이 된다는 내용이 있으므로 부서에 일종의 구조조정이 있음을 시사한다. 정답은 (D)이다.

  [어휘] **retirement dinner** 은퇴 기념식   **opportunity** 기회   **in charge of**~을 맡는
      administrative 행정의   **combine** 통합하다

[실전문제풀이 10-1]

Jonathan Miles [1:37 P.M]

I will be meeting **writers to discuss the titles of their novels.**

저는 소설 제목을 논의하기 위해 작가들을 만날 거예요.

  Q. For what type of business does Mr. Miles most likely work?

  <Mr. Miles 씨는 어떤 업계에서 일하고 있을 것 같은가?>

  [정답] A publishing company 출판사

  [해설] 소설제목으로 보아 출판사가 정답이다.

  [어휘] discuss 토의 논의

16. 연계문제 유형: 지문에 선택사항이 주어지고 문제의 선택지로 나오는 문제

   <문제해법> 선택해야 할 정보 4가지를 주어지고 정보는 반드시 다른 지문에서 제
   공된다.

[실전문제풀이 11]

   ◇ Brand(브랜드) Texture(질감) Durability(지속성) Brightness(빛남)

   ◇ NUV Cosmetics cream lasts for 6 hours strong / shimmer added

   ◇ Desires powder lasts for 8 hours medium

   ◇ Belle & Chic power lasts for 12 hours medium

   ◇ Marina Makeup cream lasts for 5 hours very strong / shimmer

..... During the humid and hot climate in summer it is best use power-type eye shadows to prevent it

from coming off. Cream-types are more likely to be removed by sweat. Also it should

last at least 12 hours. ....

   Martha Jones

Q. Which product would Dr. Jones recommend to her patients?

   Jones 의사는 자신의 환자들에게 어떤 제품을 추천하겠는가?

   (A) NUV Cosmetics

   (B) Desire

   (C) Belle & Chic

   (D) Marina Makeup

[정답] C

[해석] 덥고 습한 여름 중에는 흘러내리는 것을 방지하기 위해서 파우더타입의 아이섀도를
쓰는 것이 제일 좋습니다. 크림 타입은 땀에 더 잘 지워질 가능성이 큽니다. 또한 최소 12시
간은 지속되어야 합니다.
Martha Jones

17. 이중지문에서 하나의 대상이 두 지문에 언급되는 문제유형

<문제해법> 하나의 대상이 두 지문(삼중 지문의 경우 셋 중 두 개의 지문)에 언급되면 그 대상을 매개로 연계문제가 출제된다. **하나의 대상이 두 가지 정보를 가지고 있는 연계문제**이다.

[실전문제풀이 12]

"The City Council"s pledge was to grant tax benefits for any landlords that attract a certain number of new businesses to the city" In reality a number of the businesses that have rented space are new to the area according to Igor Roginsky **KINEX** rental manager in close association with the city council.

Dear Mr. Roginsky

And as far as I remember there are some great benefits available for businesses like me. I own Pierre Canuel store in Baltimore and now would like to move to a different city where someone

I can get to lives which is basically why I"m considering **KINEX** building.

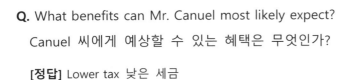

Q. What benefits can Mr. Canuel most likely expect?

Canuel 씨에게 예상할 수 있는 혜택은 무엇인가?

[정답] Lower tax 낮은 세금

Roginsky씨께.
그리고 제가 기억하기로는 저와 같은 사업자들을 위한 큰 혜택이 있다고 알고 있습니다.
제가 Valtimore에서 Pierre Canuel 매장을 운영하고 있는데 이제는 제가 찾아갈 수 있는 이가 살고 있는 다른 도시로 이사하고 싶습니다.
그게 기본적으로 제가 KINEX 건물을 고려하고 있는 이유입니다.

[해설] 첫 번째 지문에서는 KINEX 건물의 세입자들에게 세금 혜택을 줄 것이라는 것을 암시하고 있고 두 번째 지문에서는 Canuel 씨가 KINEX 건물 내의 공간을 임대할 것을 고려하고 있다는 내용으로 보아 KINEX 씨는 세금 혜택을 받을 것임을 알 수 있다. KINEX라는 정보가 세금 혜택과 Canuel씨를 연결하고 있다.

[어휘] **grant** 인정하다　　**landlord** 건물주　　**in reality** 실제로
　　　　in close association with ~와 긴밀한 관계에 있는　　**lease** 임대

[실전문제풀이 12-1]

.... At the moment I believe we have **12 rooms** reserved for two nights(Friday and Saturday). I need you to
contact Maria at Green Acres and reserve **two additional double** rooms for the same
　　　dates.....

Q. How many rooms will probably be reserves for Friday?
금요일에 아마도 몇 개의 방이 예약될 것인가?

(A) 12　　　　　(B) 13　　　　　(C) 14　　　　　(D) 15

[정답] C

[해설] 12개의 방 예약에 추가로 2개의 더블 룸 14개가 정답이다.

[어휘] reserve 예약하다   probably 아마도

[실전문제풀이 12-3]

08:30~09:30 Opening breakfast and assignment of groups

09:30~10:30 Official opening ceremony

10:30~12:00 **Information session regarding the current China market status and opportunities available by Donald Tomson**

12:00~13:30 Lunch and time allowed to create a line of personal contacts

13:30~17:00 Lecture on ways of financing the investment and the importance of dash flow in real estate business by Donna Hue

17:00~18:30 Investment planning workshop in assigned groups

....

There has been a change to the schedule. **The information session will now be given by Daniel Wang. Donald Tomson will have to leave right after the opening ceremony.** Mr. Tomson sends his deepest regret

but is honored by the news that Governor Wang is able to replace him.

Q. What can be inferred about Donald Tomson?

(A) He will prepare lunch <점심을 준비할 것이다>

(B) He will lead the information session <설명회를 진행할 것이다>

(C) He will leave after 10:30 <10:30 이후에 떠날 것이다>

(D) He is not able to attach the event <행사에 참석할 수 없다>

[해석]

08:30~09:30 개막 아침 식사와 그룹배정

09:30~10:30 공식 개막식

10:30~12:00 Donald Tomson 이 이끄는 현 중국의 시장 상황 및 이용 가능한 기회에 대한 설명회

12:00~13:30 점심과 개인적인 인맥을 만들 수 있는 시간

13:30~17:00 Donna Hue가 이끄는 투자 자금 융통 방안들과 부동산 사업에 있어 현금 유통의 중요성에 대한 강연

17:00~18:30 배정된 그룹에서 진행되는 투자 계획 워크숍

.....

일정 또한 변경이 있었습니다. 설명회가 이제 Daniel Wang에 의해 진행될 것입니다. Donald Tomson은 개막식 직후에 떠나야 할 것입니다. Tomson씨는 깊은 유감을 전했지만 Wang 운영위원장이 그를 대신할 수 있다는 소식에 영광스럽다고 합니다.

[해설] 표나 그래프는 무조건 연계문제이다. 표와 지문에 모두 제시된 Donald Tomson에 관한 정보를 통해 정답을 찾아야 한다. 지문에 Donald Tomson이 개막식 직후 떠나야 할 것이라고 (Donald Tomson will have to leave right after the opening ceremony) 언급이 되어 있는데 표에서 개막식 시간은 10:30까지로 확인된다. 정답은 (C)가 된다.

[어휘] assignment 배정   opening ceremony 개막식   status 상태
financing 자금 조달   real estate 부동산   replace 대신하다
governor 운영위원

Order placed: March23 Order No: 098345

Item Quantity Item number

Chocolate cookies 15 #RO187

Strawberry cookies 20 #AO157

Milky banana drink 25 #KO128

Organic apple juice 10 #DD195

We are sorry you did not receive your package as promptly as you expected. We experienced an

unusually large number of orders which disrupted our normal delivery schedule.

While your order is being prepared for dispatched to serve you better and faster we

need further information about your preferred method of delivery.

Also for your information one of the items is currently

out of stock(item number "DD195" on the shipment status log)

and it will not be delivered to the warehouse until next week.

Q. What is NOT available for delivery at the moment?

   (A) Chocolate cookies   (B) Strawberry cookies   (C) Milky banana drink

   (D) Organic apple juice

   [정답] D

[해석]
주문날짜 3월23일 주문번호:098345

제품 수량 제품번호

Chocolate 15 #RO187

Strawberry cookies 20 #AO157

Milky banana drink 25 #KO128

Organic apple juice 10 #DD195

기대하신 대로 신속하게 소포를 받지 못하셨다니 죄송합니다. 저희는 평소와 달리 주문량이 많아 정상 배달 일정에 차질이 생겼습니다. 귀하의 주문이 발송 준비되는 동안 더 좋고 빠른 서비스를 제공하기 위해 선호하시는 배달 방법에 관한 추가 정보가 필요합니다. **또한 참고로 현재 제품들 중 하나가 품절 상태이고(배송 상태 기록상 제품번호 "#DD195") 다음 주까지는 창고로 배달되지 않을 것입니다.**

[해설] 기존정보를 뒤에 있는 지문에서 변경하면 연계문제이다. 두 번째 지문에서 현재 제품들 중 하나가 품절 상태라며 그 제품 번호가 "DD195"임을 알려주고 있다. 이를 바탕으로 첫 번째 지문에서 이 제품을 찾아보면 해당 제품은 유기 농 사과주스 (Organic apple juice)로 확인되므로 정답은 (D)이다.

[어휘] **promptly** 즉시　　**disrupt** 지장을 주다　　**dispatch** 발송　　**out of stock** 품절인
　　　　Warehouse 창고　　**status** 상태

18. 패러프레이징(바꿔 말하기) 문제유형

<문제해법> 보통 지문에 나왔던 단어 구 문장 등을 같은 의미의 다른 표현을 이용해서 바꿔 표현한다.

[실전문제풀이 13]

Dear Mr. Marshall

I have made all of the necessary **arrangements** for your trip to Milan next month. You will depart from London on July 18 and **catch a connecting flight** in Paris to go to Milan. Your return flight is booked for July 24. When you arrive in Milan please go to platform 7 to take a taxi to the hotel Euro Suites. To check I simply **show your passport.** I have attached the itinerary and receipt for your records.

Should you need to cancel your trip the payment will be refunded to your credit card. Thank you for being an Epic Travel customer.

Q1. What is true about the **preparations** for Mr. Marshall"s trip?

　　<마셜 씨의 여행 준비들에 관해 사실은 것은?>

　　(A) He has a one-way ticket <편도 티켓을 가지고 있다>

　　(B) He is renting a car in Milan <밀라노에서 차를 빌릴 것이다>

　　(C) He has a stopover in Paris <파리에서 경유를 할 것이다>

　　(D) He booked a direct flight <직항편을 예약했다.>

Q2. What should Mr. Marshall present in order to check in?

　　<마셜 씨가 체크인하기 위해서 제시해야 할 것은?>

　　(A) A confirmation code <확인 코드>

　　(B) A travel document <여행 서류>

　　(C) A hotel receipt <호텔 영수증>

　　(D) A credit card <신용카드>

　[정답] Q1. A Q2. B

169

[해설Q1] 지문 arrangements(준비) 가 문제에서는 preparations(준비)로 catch a connecting flight(연결 항공편)이 선택지에서 stopover(경유)로 패러프레이징 되었다.

[해설Q2] 지문에서는 보여주다(show)가 선택지에서 present (제시하다)로 지문 passport(여권)은 a travel document(여행서류)로 패러프레이징 되었다.

[어휘] **one-way** 편도의   **stopover** (비행기)경유   **direct** 직항편

170

19. 메모 공고 제품광고 기사정보 제품설명서 양식에 대한 문제유형

<문제해법>

1. 메모 문제유형	2. 공지 문제유형	3. 광고문제 유형
4. 기사 문제유형	5. 제품 문제 유형	6. 양식의 문제유형

이 중 **기사(정보)에 대한 예문**을 살펴보겠다.

[질문 이해1-1] 메모의 주제 제시

◇ I need to inform~ 저는 ~을 알려드려야 합니다.

◇ I would like to announce ~저는 ~을 발표하고 싶습니다.

◇ I want to let you know~ 저는 당신에게 ~을 알려 드리기를 원합니다.

[질문이해1-2] 메모의 구체적인 요청 설명 제안 및 추천 내용

◇ I need you to~저는 당신이 ~을 해주시면 좋겠습니다.

◇ I recommend(suggest)~ 저는 ~을 추천(제안)합니다.

◇ Could you please? ~을 해 주시겠어요?

[질문이해1-3] 메모의 추가 사항과 질문

◇ If you have any question(inquires) ~질문(문의) 사항이 있으시면 ~

◇ If you need me to answer~당신이 ~을 답하기를 원하신다면~

◇ If you require further information~ 추가 정보를 원하신다면~

[질문이해2-1] 공지(공고)의 대상명시

◇ This notice is for~ 이 공지는 ~을 위한 것입니다.

◇ This is an announcement for ~ 이것은 ~늘 위한 공고입니다.

◇ This id notify that ~이것은 ~에게 ~을 알리기 위한 것입니다.

[질문이해2-2] 핵심정보와 세부사항

◇ Please be reminded that~~하는 것을 기억하세요.

◇ Please note that~하는 것을 주목하세요.

◇ The important thing is~중요한 것은 ~입니다.

[질문이해2-3] 요청 및 요구 사항 전달

◇ We request that~우리는 ~할 것을 요청합니다.

◇ You are advised to~여러분은 ~하도록 조언 됩니다.

◇ Please make sure to~확실히 ~하세요.

[질문이해3-1] 광고되는 제품(서비스)

◇ Are you looking for~? ~을 찾고 계신 가요?

◇ Are you tired of~에 싫증나셨나요?

[질문이해3-2] 광고되는 제품(서비스)의 장점

◇ We are(well) known for ~저희는 ~로 (잘) 알려져 있습니다.

◇ We provides quality products ~저희 제품은 ~이 갖춰져 나옵니다.

[질문이해3-3] 제품(서비스)구매 장소나 방법

◇ You can find our product(service) ~저희 제품은 ~에서 찾을 수 있습니다.

◇ To purchase the product(service) today~오늘 제품(서비스)을 구매하시려면~

[질문이해4-1] 기사(정보) 내용 출제와 주제

◇ According to A ~A 에 따르면

◇ At a press conference ~기자 회견에서

[질문이해4-2] 시간 장소 방법 등의 세보정보

◇ A was held(will be held) ~ A 가 개최되었다.

[질문이해4-3] 미래 계획 또는 추가 정보

◇ Additional information can be found ~추가 정보는 ~에서 찾을 수 있다.

[질문이해5-1] 제품설명서 소개와 특징

◇ Thank you for purchasing~을 구매해 주셔서 감사합니다.

◇ The product was designed to~이 제품은 ~하기 위해 설계되었습니다.

[질문이해5-2] 제품의 사용방법

◇ To install your new(product) ~새로운(제품)을 설치하기 위해서

◇ You can use the product to~당신은 제품을 ~하는데 쓸 수 있습니다.

◇ This product comes with a warranty ~이 제품은 보증서가 함께 나옵니다.

◇ If the product does not operate~ 제품이 작동하지 않으면

[질문이해6-1] 양식의 대상과 목적

◇ This form(receipt) is for ~이 양식은 ~을 위한 것입니다.

◇ The following is information on your~다음은 당신을 위한 정보입니다.

[질문이해6-2] 구체적인 정보 전달

◇ The following information includes~ 다음 정보는 ~을 포함합니다.

◇ Please check the following information ~다음의 정보를 확인해 주세요.

[질문이해6-3] 문제점 및 질문 사항 해결

◇ If you find n error please ~오류를 발견하시면 ~해 주세요

◇ To report an error please ~오류를 보고 하기 위해서는~해 주세요.

[기사 정보에 관한 예문]

(내용 출처와 주제 제시) On July 8 International property developer Ingram Properties will begin construction on a shopping mall located in Calgary. **In a press release given yesterday the company said the facility will contain units for 200 retails parking facilities and 20 restaurants.**

(세부 정보) **Work will last for three years at a cost of $380 million.** Ingram will provide nearly

60 percent of the funding while the city will provide the rest as an investment.

The company chose to build the mail to offer residents a convenient shopping venue.

(미래 계획이나 추가 조사) **Ingram Properties also plans to add an upscale hotel to the mall in the future.** However that project would not begin

for at least four years.

Q1. What does the company plan to do? 회사가 계획하는 것은?

Q2. How long will the construction project last? 건설 프로젝트는 얼마 동안 지속되나?

Q3. What will Ingram Construction most likely do in the future?

<인 그램 건설이 미래에 할 것 같은 일은?>

[정답]

Q1. Construct a retail facility. <소매 시설 찾기>

Q2. Four three years. <3년 간>

Q3. Construct a luxury hotel <고급 호텔 건축하기>

[해석] 7월8일에 국제 부동산 개발사인 인 그램 부동산이 캘거리에 위치한 쇼핑몰 건축을 시작한다.

어제 있었던 언론 발표에서 회사는 이 시설이 200개의 소매업체 주차시설

그리고 20개의 레스토랑 구역을 포함할 것이라고 말했다.

작업은 3억 8천 달러의 비용으로 3년 동안 지속될 것이다.

인 그램은 자금의 거의 60퍼센트를 제공하며 동시에 시에서 투자로서 나머지를 제공할 것이다.

회사는 거주자들에게 편리한 쇼핑장소를 제공하기 위해 몰을 건축하기로 선택했다.

인 그램 부동산은 또한 몰에 고급 호텔을 나중에 추가할 계획이다.

그러나 그 프로젝트는 최소 4년 동안은 시작하지 않을 것이다.

[해설]

Q1. In a press release(언론 발표에서) 정보의 출처를 알려준다.

Q2. 기간을 물어보았기 때문에 두 번째 문장에서 기간을 찾는다.

Q3. 기사 마지막 부분에 plan further details additional information 등을 잘 보아야 하고 plan to를 이용하여 호텔을 추가 계획임을 밝히고 있다.

[어휘] release 언론 발표 **facility** 시설 **retailer** 소매업자 **convenient** 간편한 **venue** 장소 **upscale** 상업의 **investment** 투자 **resident** 거주자 **funding** 자금 **construction** 건설

1. 이중지문 E-mail(Letter) 연계지문 문제유형

[문제해결] 지문 읽기 전략

◇ STEP1 수신자(발신자) 관계를 파악하자

◇ STEP2 정확한 주제와 목적을 파악하자

◇ STEP3 두 번째 E-mail(Letter) 연계성을 파악하자

[실전문제유형 15]

<STEP1> To: Metro Realty <info@metro-realty.net>

From: Diane Coleman <d.coleman@inbox4.com>

To whom it may concern:

<STEP2> I am interested in the office space for rent on the fourth floor of the Frederickson Building. The location is so convenient because it"s within walking distance to the subway.

I also like the fact that there are many restaurants in the area which would be great for our staff.

However there are two different pieces of information detailing the moving-in dates of this space. One is the information in the local newspaper which said it is available from April 5.

The other is that on your Web site which said the moving-in date id April 28.

<STEP2>Please let me know the correct date. Also I would like to schedule a time to view the office space. You can reply to this message or call my office at 555-2040 any time before 6 P.M. today.

Regards

Diane Coleman

STEP1 To: Diane Coleman <**d.coleman@inbox4.com**>

From: Metro Realty <info@metro-realty.net>

Dear Ms. Coleman.

Thank you for pointing out the error. Actually we hadn"t noticed that two different dates had been listed.

STEP3 The moving-in date printed in the newspaper is correct. I hope that will work out for your business.

I"ve attached a brochure to this e-mail that has lots of pictures of the office. As you can see it is quite spacious.

STEP3 **I can give you a tour on Tuesday afternoon at 3 P.M.** If you"re busy then just let me know and I"ll try to rearrange my schedule.

Sincerely

Fried Logan

Real Estate Agent Metro Realty

Q. Where can an error be found? <오류가 발견될 수 있는 곳은?>

(A) In a previous e-mail <이전 이메일>

(B) In a newspaper listing <신문 목록>

(C) On s Web site <웹사이트>

(D) In a company brochure <회사 안내 책자>

[정답] B

[해석] 수신: 메트로 부동산 <info@metro-realty.net>

발신: <d.coleman@inbox4.com>

관련 담당자 분께

저는 프렉드리슨 빌딩의 4층 임대용 사무실 공간에 관심이 있습니다. 그곳은 지하철에서 도보 거리 내에 있기 때문에 위치가 너무나 편리합니다. 또한 그 지역에 많은 식당들이 있다는 사실도 마음에 듭니다. 그곳은 우리 직원들에게 아주 좋을 것 같습니다.

그러나 이 공간에 이사 들어가는 날짜가 나타난 두 가지의 다른 정보가 있더군요. 하나는 지역 신문에 있는 것인데 거기에는 4월5일부터 이용 가능할 것이라고 나와 있습니다. 다른 것은 귀사의 웹사이트의 것인데 거기에는 이사 들어가는 날짜가 4월28일이라고 나와 있습니다.

올바른 날짜를 알려주세요. 또한 저는 사무실 공간을 구경할 시간을 정하고 싶습니다. 이 메시지에 답장을 보내주시거나 제 사무실인 555-2040번으로 오늘 오후 6시 전 아무 때나 전화주세요.

다이앤 콜맨 드림

[해석] 수신: <d.coleman@inbox4.com>

발신: 메트로 부동산 <info@metro-realty.net>

콜맨 씨에게

오류를 지적해 주셔서 감사합니다. 사실 저희는 두 개의 다른 날짜가 기재되었다는 걸 알아 차리지 못했습니다. **신문에 인쇄된 이사 들어가는 날짜가 올바른 것입니다.** 그 날짜가 당신 회사를 위해 좋은 것이기를 바랍니다.

제가 이 이메일에 그 사무실의 사진이 많이 들어있는 안내 책자를 첨부했습니다. 보시다 시피 공간이 꽤 넓습니다. 제가 화요일 오후 3시에 당신이 둘러보실 수 있게 해드릴 수 있습니다. 만약 그때 바쁘시다면 저 한태 알려만 주세요. 제 일정을 재조정해보도록 하겠습니다.

메트로 부동산 중개인 프래드 로건 드림

[어휘] **be interested in**~에 관심이 있다　　**convenient** 편리한

　　　 within walking distance 도보 거리 내에

　　　 detail 구체화하다　**moving-in date** 이사 들어가는 날짜

　　　 local newspaper 지역 신문　**available** 이용할 수 있는　**correct** 올바른

　　　 view 구경하다　**reply**~에 응답하다　**point out** 지적하다　**notice** 알아채다

　　　 work out 좋게 진행되다　**attach** 첨부하다　**brochure** 안내 책자

　　　 spacious 공간이 넓은　**rearrange** 재조정하다

[이중지문 문제해설]

<STEP1 수신자(발신자) 관계 파악>

지문 1 수신: 메트로 부동산

발신: 다이앤 클맨

지문2 발산: 다이앤 클맨

수신: 메트로 부동산

<STEP2 정확한 주제와 목적파악>

프레드릭슨 빌딩의 4층 임대용 사무실 공간에 관심이 있습니다. "올바른 정보를 알려 주세요. 또한 사무실 공간을 구경할 시간을 정하고 싶습니다.

<STEP3 두 지문의 연계성 파악>

신문에 인쇄된 이사 들어가는 날짜가 올바른 것입니다. "제가 화요일 오후 3시에 당신이 둘러보실 수 있게 해드릴 수 있습니다.

[핵심 포인트] : 첫 번째 지문 E-mail (관심 표명과 문의 사항) "임대용 사무실에 관심이 있습니다. 신문과 웹사이트에 날짜에 대한 서로 다른 정보가 있습니다. + **두 번째 지문 E-mail (문의 사항 해결과 관심에 대한 응대)** "화요일 오후 3시에 볼 수 있습니다. "신문의 날짜가 올바른 것입니다.

2. 광고 연계 지문 문제유형

CAMPING WORLD

For the outdoor life

Camping World is <STEP1>**the leading supplier of camping equipment in the area.**

We carry the high-quality brands you trust. <STEP1>**Throughout the month of May.**

Camping World wants to help you get ready for summer great sales like these:

<STEP2> **Large family tents are 20% off**

All sleeping bags are 25% off

All flashlights and lanterns are 30% off

<STEP2>**As a special promotion we are giving away a free Camping**

World mug with purchases of $100 or more. We hope to see you at

Camping World soon!

Greg Thurman"s Store Review: CAMPING WORLD

Overall rating: 4/5

If you love spending time in nature you"ll definitely want to stop by Camping World

<STEP3>**It has a large selection of equipment for camping and other outdoor**

activities. The prices are reasonable considering the high quality of the goods.

Overall I enjoyed my shopping experience there.

However when I spent $100 at the store. <STEP3> **I did not receive the item**

that was promised in the advertisement because they had run out.

Unfortunately staff members weren"t interested in resolving this problem.

Q. Why was the reviewer disappointed with the store? <평가자가 실망한 이유는?>

  (A) He was not given a free mug. <무료 컵을 받지 못했다>

  (B) The prices were too high. <가격이 너무 비쌌다.>

  (C) The store hours were inconvenient. <매장 시간이 불편했다.>

  (D) The store ran out of flashlights. <가게에 손전등이 다 떨어졌다.>

    [정답] B

[전체문장 문제해결]

<STEP1> 광고 상품(서비스)파악

캠핑 장비의 선두 공급업체 5월 한 달 내내 캠핑 월드는 굉장한 할인들로 여러분이 여름에 대비할 수 있도록 도와드리고 싶습니다.

<STEP2> 광고 세부 사항 주목

대형 가족 용 텐트 20% 할인 모든 침낭 25% 할인 모든 손전등과 랜턴 30% 할인 특별 판촉으로 머그잔을 제공

<STEP3> 장점 단점 기타 사항

그곳은 매우 다양한 종류의 캠핑과 다른 야외 활동 장비들을 보유하고 있습니다. ~가격이 저렴합니다. 광고에서 약속한 제품을 받지 못했습니다.

[핵심 포인트]

첫 번째 지문: advertisement

  제품(서비스) 소개와 특장점: "캠핑 장비의 선두 공급업체" "굉장한 할인 및 사은품 제공"

두 번째 지문: review

  제품서비스의 장점과 단점: "다양한 종류의 캠핑 장비 보유" "광고에서 약속한 제품을 못 받았습니다. 그래서 정답은 (A)이다.

[실전문제유형- 일 지문 해석]

캠핑 월드

야외 활동을 위하여 캠핑월드는 이 지역의 캠핑 장비의 선두 공급업체입니다. 저희는 여러분이 신뢰하는 고급 상표들을 보유하고 있습니다. 5월 한 달 내내 캠핑 월드는 다음과 같은 굉장한 할인들로 여러분들이 여름에 대비하실 수 있도록 도와드리고 싶습니다.

대형 가족을 위한 텐트 20% 할인

모든 침낭 25% 할인

모든 손전등 및 랜턴 30% 할인

특별 판촉으로 **저희는 100달러 이상의 구매에 무료 캠핑 월드 머그 컵을 나눠드리고 있습니다**. 조 마간 여러분들을 캠핑 월드에서 만날 수 있기를 희망합니다.

그렉 서먼의 매장 평가: 캠핑 월드

종합 등급: 4/5

만약 여러분이 자연에서 시간을 보내시는 걸 좋아하신다면 틀림없이 캠핑 월드에 들르시 길 원하실 겁니다. 그곳은 매우 다양한 종류의 캠핑과 다른 야외 활동 장비들을 보유하고 있습니다.

제품의 높은 질을 고려하면 가격이 적절합니다. 종합적으로 저는 그곳에서 쇼핑하는 걸 즐겼습니다.

그러나 **제가 가게에서 100달러를 썼을 때 저는 광고에서 약속했던 물건을 받지 못했습니다**. 그것들이 다 떨어졌기 때문이었습니다. 안타깝게도 직원들은 이 문제를 해결하는데 관심이 없었습니다.

[어휘] outdoor 야외의   supplier 공급업체   equipment 장비   sleeping bag 침낭
flashlight 손전등   lantern 랜턴   give away 나눠주다   review 평가
overall 종합적으로   rating 등급   definitely 틀림없이   stop by ~에 들르다
a selection of 다양한 종류의   reasonable 적절한   considering ~을 고려하면
promise 약속하다   run out 다 떨어지다   unfortunately 불행하게도

3. 삼중지문 문제 유형

[문제풀이 해법] 이중 문제 풀이와 동일하게 접근하면 된다.

STEP1: 단일 지문을 보고 푸는 문제와 두 개의 지문을 연계해서 풀어야 하는 문제를 구분한다.

<문제유형>

- 행사 제품 및 서비스광고+(주문 양식 송장 온라인 쇼핑구매)+확인 이메일

- 광고 웹사이트+주문 문의 이메일 +답변 이메일

- 행사 관련공지+신청양식+관련 이메일/편지

① 각 지문의 주제나 목적 또는 대상을 묻는다.

  ◇ What is the purpose of the e-mail? 이메일의 목적은 무엇인가?

  ◇ What did Mr. Kim call .Mr. Brown? 김 씨는 왜 브라운 씨에게 전화했는가?

  ◇ What is being advertisement? 광고되고 있는 것은 무엇인가?

② 각 지문의 세부 정보를 묻는다.

  ◇ When did Ms. Kim take the class. 김 씨는 그 강의를 언제 수강했는가?

  ◇ Which products were misdelivered? 어떤 물건들이 잘못 배송 되었는가?

  ◇ What are they asked(require) to do? 그들은 무엇을 하도록 요청(요구)하는가?

③ 두 지문의 내용을 비교하거나 연계해서 추론하는 문제가 나온다.

  ◇ What is NOT mentioned in the letter? 편지에서 언급되지 않은 것은 무엇인가?

  ◇ What is most likely true about the class? 강의에 대해 사실인 것은 무엇이겠는가?

  ◇ What is implied about the policy? 정책에 대해 암시된 것은 무엇인가?

▶ Questions 1~5 refer to the following Web page article and letter.

Quality Life by Sayer

Sayer Manufacturers is placed to announce that we will begin accepting applicants for the yearly Quality Life grants. Every year we give out four grants to projects that are dedicated to improving the well-being

of communities and their residents. The award amounts are as follows:

-First Place: $50000

-Second Place: $45000

-Third Place: $40000

-Fourth Place: $35000

only non-profit organizations are eligible for these grants. Last year"s winners include a community

swimming program an elderly assistance program and a workshop series on infant care.

Download the grant application form at this link.

Philanthropy Corner

Quartz Gets Funding

by Thomas Dunn

HILLVIEW May 15— The Quartz Foundation based in Hillview was awarded $40000 through the Sayer Quality Grant Program to create a reading center. The center will provide an opportunity for children and teenagers residing in Hillview to increase their reading levels. Starting next month the foundation will provide classes on 20th century literature. The foundation which also operates the Hillview Public Library is planning to donate a large number of fiction and nonfiction books to the center.

The Quartz Foundation was established 15 years ago in Hillview by group of ten local residents who wanted to increase the community"s awareness of education.

To the Editor

I would like to call attention to an inaccuracy in Mr. Dunn"s article in the May issue of *Philanthropy Corner.* Mr. Dunn wrote that Quartz was formed 15 years ago.

Although Mr. Dunn"s statement about Quartz"s founders is correct Quartz was in fact established

25 years ago.

As a former contributor I am well aware that your magazine strives to publish insightful and trustworthy

articles and I understand that this error is a rare occurrence for your magazine.

Sincerely

Jamie Boyd

President Quartz Foundation

1.What of the purpose of the Web page?

 (A)To publicize the opening of a medical center

 (B)To seek participants for a sports competition

 (C)To solicit applications for an award.

 (D)To announce the finalists for a grant

2.What prize dis the Quartz Foundation receive?

 (A) The first-place prize

 (B) The second-place prize

 (C) The third-place prize

 (D) The fourth-place prize

3. According to the article what will the grant enable the Quartz Foundation to do?

   (A) Build a new library

   (B) Conduct research on health

   (C) Offer educational opportunities

   (D) Improve working conditions of its employees

4. What does Ms. Boyd suggest about herself?

   (A) She is a former employee of Mr. Dunn.

   (B) She will be interviewed by a magazine writer

   (C) She helped established the Quartz Foundation.

   (D) She has written for *Philanthropy Corner* before.

5. According to Ms. Boyd what is true about the Quartz Foundation in Mr. Dunn"s article?

   (A) It plans to apply for an additional grant.

   (B) It was founded by local residents.

   (C) It donates books to Hillview schools.

   (D) It has cooking facilities.

[해석]

Quality Life by Sayer

(1) **Sayer 제조사는 연례 Quality Life 보조금을 받을 지원자들을 받기 시작할 것임을 알리게 되어 기쁩니다.** 매년 우리는 지역 사회와 그 주민들의 복지를 향상시키는 데 전념하는 프로젝트들에 네 개의 보조금을 제공

-1등: 50000달러

-2등: 45000달러

-3등: 40000달러

-4등:35000달러

비영리 기관 들만이 이 보조금을 받을 수 있는 자격이 됩니다. 지난해의 수상자들은 지역 수영 프로그램 어르신들의 지원 프로그램 및 영 유아 보육에 대한 워크숍 강좌들을 포함합니다. 이 링크에서 보조금 신청서를 다운로드 해주세요.

<Philanthropy Corner>

Quartz가 재정 지원을 받다

Thomas Dunn 글

HILLVIEW 5월15일 (2)Hillview에 본사를 둔 Quartz 재단은 독서 센터를 만들기 위해 Sayer Life 보조금 프로그램을 통해 4만 달러를 수여 받았다. (3) 센터는 Hillview에 거주하는 아이들과 10대들의 독서 수준을 높이기 위한 기회를 제공할 것이다. 다음 달부터 재단은 20세기 문학에 대한 강좌들을 제공할 것이다. Hillview 공공 도서관도 운영하고 있는 그 재단은 센터에 상당량의 소설과 비소설 도서들을 기부할 계획이다.

Quartz 재단은 교육에 대한 지역 사회의 인식을 높이고자 했던 (5) 10명의 지역 주민들에 의해 15년 전에 Hillview에 설립되었다.

편집자 분께

<Philanthropy Corner>의 5월호에 실린 Dunn 씨의 기사에 오류가 있어 알려드리고자 합니다. Dunn 씨는 Quartz가 15년 전에 구성되었다고 기술했습니다. (5) Quartz의 설립자들에 관한 Dunn 씨의 진술이 맞기는 하나 Quartz는 사실 25년 전 설립되었습니다.

(4) 전(前) 기고가로서 귀사의 잡지가 통찰력 있고 신뢰할 수 있는 기사들을 출간하려고 애쓴다는 점은 잘 알고 있으며 귀사의 잡지에는 이러한 오류가 드문 일이라는 걸 이해하고 있습니다.

진심으로

Jamie Boyd

Quartz 재단 대표

[어휘] grant 보조금   give out 나눠주다   be dedicated to ~에 전념하다   resident 거주자   award amount 상금   non-profit organization 비영리기관   elderly 어르신의   infant care 영육아 보육   winner 수상자   funding 재정 지원   award 수여하다   reside in ~에 거주하다   donate 기부하다   awareness 인식   call attention to ~에 주의를 기울이다   inaccuracy 오류 부정확   statement 진술(서)   former 이전의   contributor 기고가   strive 고분 분투하다   insight 통찰력 있는   trustworthy 신뢰할 수 있는   rare 드문 희귀한   occurrence 발생 출현

1. 웹 페이지의 목적은 무엇인가?

   (A) 의료원의 개원을 알리기 위해

   (B) 스포츠 대회 참가자들을 찾기 위해

   (C) 상금을 위한 신청을 요청하기 위해

   (D) 보조금의 최종 후보자들을 발표하기 위해

   [정답] C

   [해설] 목적을 묻는 문제는 문장 앞에 정답이 나온다. 첫 번째 지문 (1)문장에서 알 수 있다.

2. Quartz 재단은 어떤 상을 받았는가?

   (A) 1등 상

   (B) 2등 상

   (C) 3등 상

   (D) 4등 상

   [정답] C

   [해설] 숫자를 물어보는 문제는 숫자부분을 잘 살펴본다. (2)부분에 나타나 있다.

3. 기사에 따르면 보조금은 Quartz 재단으로 하여금 무엇을 할 수 있게 해줄 것인가?

   (A) 새 도서관 건립

   (B) 건강에 대한 연구 수행

   (C) 교육 기회 제공

   (D) 직원들의 근무 조건 개선

   [정답] C

   [해설] 두 번째 지문에 제목으로 "Quartz가 재정 지원을 받다가 있다. Quartz 재단을 언 급한 부분(3)을 보고 답을 찾는다.

4. Boyd 씨가 자기 자신에 대해 내비치는 것은 무엇인가?

   (A) Dunn 씨의 전(前) 직원이다

   (B) 잡지 기자의 인터뷰를 받을 것이다.

   (C) Quartz 재단의 설립을 도왔다.

   (D) 이전에 <Philanthropy Corner>에 글을 썼다.

   [정답] D

   [해설] 세 번째 지문에서 Boyd 씨가 (5)<Philanthropy Corner>의 편집자에게 보낸 내용을 보면 두 번째 단락에서 (4)자신이 이 잡지의 전 기고자였다는 것을 내비치고 있다. **이런 문 제 유형은 사람을 중심으로 해당되는 사람 부분을 찾아 답을 낸다.**

5. Boyd 씨에 따르면 Dunn 씨의 기사에서 Quartz 재단에 관하여 사실은 것은 무엇인가?

   (A) 추가 보조금을 신청할 계획이다.

   (B) 지역 주민들에 의해 설립되었다.

   (C) Hillview 학교들에 도서를 기부할 것이다.

   (D) 취사 시설이 되어있다.

   [정답] B

   [해설] 연계문제이다. Boyd 씨가 세 번째 지문을 보면 첫 번째 단락에서 (5) Dunn 씨 기사의 오류를 지적하겠다고 애기하면서 (5)Quartz의 설립자들에 관한 진술은 옳다고 했으므로 Dunn씨가 쓴 두 번째 지문에서 설립자의 내용을 찾으면 된다.

TOEIC Listening Comprehension

[문제유형별 분석] PART 2

1. 조동사의 의문문 주어가 일치하지 않으면 오답이다.

   <문제유형 예시>

   Q : Can you help me choose the event venue?

   A : ~~She~~ didn"t attend it.

   →질문의 주어 you를 3자 주어인 she로 잘못 받은 주어 불일치

   B : Sure I"ll be with you shortly.

   → 행사장소 선택을 도와 달라는 부탁에 곧 가서 도와주겠다고 말하는 정답

   C : Yes it was helpful. →help –helpful **(유사발음**은 오답)

2. 유사발음이 들리면 오답으로 처리한다.

   <실전문제풀이>

   ① Did you go to the IT convention? 당신은 IT 컨벤션에 갔었나요?

   (A) It will convene in 5 minutes. 5분 후에 개최될 거예요.

   (B) It"s going well. 잘되어가요

   (C) No I was busy. 아니요 저는 바빴 어요.

   [정답] C

   [해설]

   (A) convention(컨벤션)과 관련 있는 convene(개최되다)를 사용하여 혼동을 준 오답

   (B) go-going **유사발음으로 오답** IT convention을 나타낼 수 있는 it을 사용하여 혼동을 주
   면 오답이다.

   (C) you를 I로 받고 No로 IT 컨벤션에 가지 않았음을 전달한 후 바빴다는 부연으로 정답

3. 문제가 When으로 나오면 시간을 묻는다.

① When do you start your new job? 당신은 새로운 일을 언제 시작하나요?

(A) At my previous company 제 이전 회사 에서요.

(B) To sell machinery 기계를 판매하기 위해서요.

(C) I"m not sure of the date. 날짜가 확실하지 않아요.

[정답] C

[해법]

(A) job과 관련 있는 company를 사용하여 혼동을 주었다.

(B) job과 관련 있는 sell machinery를 사용하여 혼동을 주었다.

(C) 날짜가 확실하지 않다는 말로 간접적인 응답을 했다. 정답이다.

4. Who 의문문이 나오면 사람이나 부서명이나 단체명이 정답으로 나온다.

① Who"s assisting the patient in Room 33? 누가 33호실의 환자를 돕고 있나요?

(A) Margaret Peterson. Margaret Peterson이요.

(B) A one-hour surgery. 한 시간 동안의 수술이요.

(C) There are 34 actually. 사실 34개가 있어요.

[정답] A

[해설]

(A) Margaret Peterson 사람을 언급하고 있으므로 정답

(B) patient(환자)에서 연상할 수 있는 치료 방법과 관련된 surgery(수술)을 사용하여 혼동

(C) 33호와 34개를 사용하여 혼동을 주었다.

190

5. 부정 의문문의 not을 무시하고 답을 찾는다.

① Shouldn"t you leave for the training workshop now? 당신은 워크숍으로 지금 출발해야 하지 않나요?

(A) He should clean po these leaves. 그는 이 나뭇잎을 치워야 해요.

(B) They"re at the electronics shop. 그들은 전자 기기 매장에 있어요.

(C) Is it 5 o"clock already? 벌써 5시 인가요?

[정답] C

[해설]

(A) He가 나타나는 대상이 질문에 없다. leave를 반복 사용하여 혼동을 주었다.

(B) workshop-shop 유사발음으로 오답이다.

(C) 벌써 5시인지를 되물어 교육 워크숍으로 출발해야 할 시간임을 전달했음으로 정답

6. 제안 의문문 Why don"t you? 묻는 유형은 Yes /No 답변가능 이유를 묻는 질문이 아니 기 때문에 because나 to부정사 답변은 어색하다.

① Why don"t w discuss the budget with Mr. Beacon today?

<오늘 Mr. Beacon과 예산에 대해 논의하는 게 어때요?>

(A) It doesn"t need to be finalized until Friday. 그것은 금요일까지 마무리될 필요가 없어요.

(B) Talks relating to the merger. 합병과 관련된 논의들이요.

(C) A corporate budget analyst. 기업 예산 분석가요.

[정답] A

[해설]

(A) 제안을 간접적으로 거절한 것으로 정답이다.

(B) discuss(논의하다)와 Talks(논의)를 사용하여 혼동을 준 오답이다.

(C) 인물로 응답했기 때문에 오답이고 budget을 반복사용 하여 혼동을 준다.

7. Where (장소)를 묻는 문제 유형은 장소가 답으로 나온다.

① Where can I find information about the tour? 여행에 대한 정보를 어디에서 찾을 수 있나요?

(A) We discovered more evidence. 우리는 증거를 더 발견했어요.

(B) He was informed of the delay. 그는 지연에 대해 통지를 받았어요.

(C) Details are on the Web site. 세부 사항은 웹 사이트에 있어요.

[정답] C

[해설]

(A) find(찾다)와 discovered(발견하다)를 사용하여 혼동을 준다.

(B) He가 나타내는 대상이 질문에 없고 information-informed는 유사발음으로 오답

(C) 여행에 대한 정보를 찾을 수 있는 장소를 언급했으므로 정답이다.

8. 간접 의문문은 중간에 오는 의문사나 접속사가 정답을 결정한다.

① ~~Could you tell~~ me if your spa offers gift certificates?

spa가 상품권을 제공하는지 알려주실 수 있나요?

(A) Not as of March 3월부터는 아니어요.

(B) Thanks for the voucher. 상품권 감사해요.

(C) A teller will help you with your deposit. 은행 창구 직원이 예금을 도와드릴 거예요.

[정답] A

[해설]

(A) if your spa offers gift certificates

이 부분을 듣고 3월부터는 스파가 상품권을 제공하지 않음을 전달하므로 정답이다.

(B) gift certificates(상품권)과 같은 의미인 voucher(상품권)과 혼동을 주고 있다.

(C) tell-teller 유사발음 오답

9. **what 뒤에 오는 명사나 동사가 정답을 결정한다.**

① What will be served as the entree at the awards ceremony?

시상식에서 주 요리로 무엇이 제공될까요?

(A) Salmon and lemon sauce. 연어와 레몬 소스입니다.

(B) Service was too slow. 서비스가 너무 느리었어요.

(C) This job is very rewarding. 이 일은 매우 보람이 있어요.

[정답] A

[해법] what를 버리고 뒤에 나오는 will be served as the entree.

(주 요리로 무엇이 제공될지를 묻고 있기 때문에 정답이 된다.

(B) served-service 유사발음으로 혼동을 준다.

(C) awards-rewarding 유사발음으로 혼동을 준다.

10. **부가 의문문의 뒤 부분은 무시하라!**

① John is a member of the hiring committee isn"t he? 존은 고용위원회의 일원이죠? 그렇지 않나요?

(A) I"ll hang the poster higher. 제가 포스터를 더 높게 걸게요.

(B) That"s the community center. 그건 지역 문화 회관이에요.

(C) I believe so. 그런 것 같아요.

[정답] C

[해법]

(A) hiring-higher 유사발음으로 오답

(B) committee-community 유사발음으로 오답

(C) isn"t he를 버리고 존은 고용위원회의 일원이죠. 라는 물음에 그런 것 같다.

11. 의문사 의문문에 Yes/ No로 답이 안 나온다.

① Why has our parking lot been blocked off? 우리 주차장이 왜 차단되어 있나요?

(A) No park on the road. 아니요 도로 위에 주차하세요.

(B) So it can be resurfaced. 바닥이 재포장될 수 있도록 하기 위해서요.

(C) At 2 p. m. today. 오는 오후 2시에요.

[정답] C

[해법]

(A) 의문사 의문문에 No로 응답했으므로 오답 parking-park 유사발음

(B) why(이유)를 묻고 있기 때문에 바닥이 재포장될 수 있도록 하기 위해서라는 말로 주차 장이 차단되어 있는 이유를 언급했으므로 정답이다.

(C) 시간을 나타내는 when이 적절한 답이다.

12. How(Which) 의문문 뒤에 오는 형용사 /부사가 정답을 결정한다.

① **Which assignment** are you interested in focusing on?

어는 업무에 초점을 맞추고 싶으신 가요?

(A) Revising the product catalog. 상품 카탈로그를 수정하는 것이 오.

(B) Sure let me assign them quickly. 물론이죠 제가 그것들을 발리 배정할 게요.

(C) Mr. Abdul is eager to work here. Mr. Abdul은 여기에서 일하고 싶어 해요.

[정답] A

[해법]

(A) Which assignment(어느 업무)에 초점을 맞추고 싶은가에 대해 것을 언급했으므로 정답

(B) 의문사 의문문에 Yes와 같은 Sure로 응답했기 때문에 오답 assignment-assign 유사 발 음으로 오답

(C) assignment(업무)와 관련 있는 work(일하다) 사용하여 혼동을 준다.

13. 선택 의문문은 either/ both/ neither 답이다.

① Will you have your housewarming partly indoors or outdoors?

집들이 파티를 실내에서 할 건가요 아니면 야외에서 할 건가요?

(A) Let"s see how the weather turns out. 날씨가 어떻게 되는지 봅시다.

(B) Of course I can fix that door. 물론이죠 제가 그 문을 고칠 수 있어요.

(C) It was colder than we expected. 우리가 예상했던 것보다 추웠어요.

[정답] A

[해법]

(A) 날씨가 어떻게 되는지 보자는 말로 간접적인 응답을 했으므로 정답이다.

(B) indoors-door 유사발음으로 오답

(C) warm(따뜻한)과 반대의미인 colder(더 추운)을 사용하여 혼동을 준 오답

PART3

대화가 **3명으로 구성되어지고 3문제**가 출제된다. 문제는 순서대로 나오기 때문에 먼저 선택지 문제를 보고 미리 답을 추론할 수도 있다. ▸' 전체 대화 관련 문제(장소 화자 목적 주제 특정세부사항 요청 이유 다음에 할 일 등이 나온다. 세부 사항 관련 문제(특정 세부 사항 언급 의도 파악 제안 이유 시각자료) 등이 나온다. ▸

세부사항 관련문제(다음에 할 일 의도파악 특정 세부 사항 요청 언급 시각자료) 등이 나온다.

▶ Questions 1~3 refer to the following conversation with three speakers.

W1 : **Aren"t you both pleased that our agency has had more bookings lately?**

W2 : **Yes. It"s probably because we received an outstanding review on famous travel blogger Geroge Leeland"s Web page.**

M : I agree! And that reminds me... Is everything ready for the tour that we"re leading today?

W1 : I just stocked the bus with water and snacks. And we"ve got the safety gear in case any wild animals get too close to the vehicle.

M : **Did you also bring those cans of bug spray we ordered Fiona?**

W2 : Sorry no. **I"ll grab those from our office before we depart.**

M: Good. I want to be prepared since we have our largest group yet today.

1.Where most likely do the **speakers work**? 화자들은 어디에서 일하는 것 같은가?

(A) At an accommodation facility. 숙박시설에서

(B) At a tour company 여행사에서

(C) At a beverage company 음료 회사에서

(D) At a car rental agency 자동차 대여업체에서

2.What is mentioned about **George Leeland?** George Leeland에 관해 언급이 된 것은?

    (A) He canceled a trip. 그는 여행을 취소했다.

    (B) He launched a Web site. 그는 web site 개시했다.

    (C) He gave positive feedback. 그는 긍정적인 의견을 주었다.

    (D) He recruited new workers. 그는 새로운 직원들을 모집했다.

3.**What** does Fiona say she will **do**? Fiona는 그녀가 무엇을 할 것이라고 말하는가?

    (A) Post a safety sign 안전 표시를 게시한다.

    (B) Purchase some drinks 음료를 구입한다.

    (C) Get some supplies 준비물을 가져온다.

    (D) Test drive a vehicle 차량을 시운전한다.

[정답] B-C-C

[해석]

W1: 최근 우리 회사에 더 많은 예약들이 들어와서 두 분 다 기쁘지 않으신 가요?

W2: 네. 아마 우리가 유명한 여행 블로거인 Geroge Leeland의 웹페이지에서 우수한 후기를 받았기 때문일 거예요.

M: 동의해요! 그러고 보니 생각나는데...우리가 오늘 안내할 여행 준비가 모두 되었나요?

W1: 저는 방금 버스에 물과 간식을 넣었어요. 그리고 야생동물이 차량에 너무 가까이 올 경우를 대비해 안전장치를 준비했어요.

M: **우리가 주문한 살충제들도 가져왔나요? Fiona?**

W2: 죄송하지만 아니어요. **출발하기 전에 제가 사무실에서 가져올 게요.**

M: 좋아요. 오늘이 지금까지 가장 큰 규모의 단체이기 때문에 준비가 되어 있기를 원해요.

[문제유형] Where most likely do the speakers work?

[문제 1 단서] 장소 직업 문제의 정답 단서는 초반에 언급된다.

<문제유형해법>

전체 대화 관련 문제(화자)로 화자들이 어디서 일하는지를 묻고 있다. 바로 다음 문장에서 famous travel blogger Geroge Leeland"s Web page(유명한 여행 블로거 웹페이지)가 나오는 것을 봐서 At a tour company (여행사에서)가 정답이다.

[문제유형] What is mentioned about George Leeland?

[문제 2 단서] 사람에 관해 언급되는 문제는 질문의 핵심어구 사람이 언급된 주변을 집중해서 듣는다.

<문제유형해법>

세부 사항 관련문제(언급)로 Geroge Leeland에 관해 언급된 것을 묻는 문제이다. It"s probably because we received an outstanding review on famous travel blogger Geroge Leeland"s Web page라며 유명한 여행 블로거인 Geroge Leeland"s Web page에서 우수한 후기를 받았다고 하였다. 정답은 (C) He gave positive feedback이다.

[문제유형] What does Fiona say she will do?

[문제유형 3 단서] 다음에 할 일을 묻는 문제 유형은 대화의 마지막 부분을 주의 깊게 듣는다.

<문제유형해법>

세부 사항 관련 문제(다음에 할 일)로 Fiona 즉 여자 2가 다음에 할 일을 묻는 문제이므로 대화의 마지막 부분을 주의 깊게 듣는다. 남자가 Fiona에게 주문한 상품을 가져왔는지 묻자 출발하기 전에 사무실에서 가져오겠다고 하였다. 정답은 (C)이다.

▶ Questions 4~6 refer to the following conversation.

W: Hello Hector **I"m just calling to check about the plans you are drafting for the Sanchez project. Are you going to be able to complete them before June 10?**

M: Actually I"ll require help from our subcontractor for some of the work if you want me to finish before that deadline. **Could you give me his phone number so that I can ask him about that?**

W: **I"m not at my desk right now I"m going to meet a client but I can call you back in about an hour and give it to you then.**

M: OK I"ll contact him right after I hear back from you.

4.Where most likely do the speakers work? 화자들은 어디에서 일하는 것 같은가?

(A) At a real estate agency. 부동산 중계업체에서

(B) At a soft firm 소프트웨어 회사에서

(C) At a publishing company 출판사에서

(D) At an architectural firm. 건축 회사에서

5.What does the woman ask about? 여자는 무엇에 관해 문의하는가?

(A) A project schedule 프로젝트 일정

(B) A price list 가격목록

(C) A contract change 계약 변경

(D) A tracking number 추적 번호

6.Why does the woman say "I"m not at my desk right now?

여자는 왜 "저는 지금 자리에 없어요."라고 말하는가?

(A) She must return to the office 그녀는 사무실로 들어가야 한다.

(B) She will answer a phone call later 그녀는 나중에 전화를 받을 것이다.

(C) She cannot provide some information. 그녀는 정보를 제공할 수 없다.

(D) She must postpone a meeting. 그녀는 회의를 연기해야 한다.

199

W: 안녕하세요 Hector. 저는 **Sanchez 건물 프로젝트를 위해 당신이 초안을 작성하고 도면 들에 관해 좀 확인하라고 전화했어요.** 그것들을 6월 10일 전에 완료할 수 있나요?

M: 사실 그 마감 기한 전에 제가 완료하길 원하신다면 일부 작업에 대해 하청업자에게 도움을 요청해야 할 것 같아요. 제가 문의할 수 있도록 그의 전화번호를 주시겠어요?

W: 저는 지금 자리에 없어요. 저는 고객을 만나러 가는 길인데 한 시간 안에 다시 전화해서 그걸 당신에게 알려드릴 수 있어요.

M: 알겠어요. 당신에게 연락을 받은 후에 바로 그에게 연락할게요.

[문제유형 4~6]

[문제유형] **Where** most likely do the **speakers work**?

[문제 4 단서] 장소 직업 문제의 정답 단서는 초반에 언급된다.

<문제유형해법>

전체 대화 관련 문제로 화자들이 일하는 장소를 묻는 문제로 맨 처음 문장에서 답을 찾는다. At an architectural firm이 정답이다.

[문제유형] What does the woman ask about?

[문제 5 단서] ask about이 있으면 의문문(의문사)가 나오는 부분을 잘 듣는다.

<문제유형해법>

여자가 문의하는 것을 묻는 문제이므로 Are you going to be able to complete them before June 10? 6월10일 이전에 도면들을 완료할 수 있을지 물었다. A project schedule이다.

[문제유형] Why does the woman say "I'm not at my desk right now?

[문제 6 단서] 의도 파악문제는 대화가 제시하는 언급된 주변을 깊게 듣는다.

<문제유형해법>

"I'm not at my desk right now?질문의 언급된 주변을 중심으로 Could you give me his phone number so that I can ask him about that? 이 질문에 I'm not at my desk right now I'm going to meet a client but I can call you back in about an hour and give it to

200

you then.에서 의도 파악을 찾으면 정답은 She cannot provide some information.이다.

▶ Questions 7~9 refer to following conversation.

M: **I"m considering putting up some new artwork at our hospital.** Research shows that patients feel more comfortable at medical facilities with pleasant images displayed.

W: **Have you been to that newly opened gallery downtown... umm... Westchester Gallery?**

M: The opening party was quite impressive. But I think the pieces there are too expensive. Do you have any other suggestions?

W: Jesse"s Home Goods has some reasonably priced works. That store is located two blocks down from our building actually.

M: I"ve never heard of that places.

I"ll check its Web site now and see what it has available.

7. What are the speakers mainly discussing? 화자들은 주로 무엇에 관해 이야기하고 있는가?

   (A) Designing a Web site. 웹사이트를 디자인하는 것

   (B) Organizing an event. 행사를 준비하는 것

   (C) Visiting a gallery 미술관에 방문하는 것

   (D) Decorating a space. 장소를 장식하는 것

8. What does the man mean when he says "The opening party was quite impressive? 남자는 "개관식은 아주 인상적이었 요?"라고 말할 때 무엇을 의도하는가?

   (A) He met an artist. 그는 예술가를 만난다.

   (B) He visited a facility. 그는 시설을 방문했다.

   (C) He donated some money. 그는 약간의 돈을 기부했다.

   (D) He completed an assignment. 그는 과제를 완료했다.

9.. What does the man say he will do? 남자는 무엇을 할 것이라고 말하는가?

(A) Store some items 몇몇 물품들을 보관한다.

(B) Talk to an administrator 관리자에게 이야기한다.

(C) Write down an address 주소를 적는다.

(D) Search for information online. 온라인으로 정보를 찾는다.

[정답] D-B-D

[해석] M: **저는 우리 병원에 새로운 그림을 거는 것을 고려하고 있어요**. 연구는 기분 좋은 이미지가 전시된 의료 시설에서 환자들이 더 편안하게 느낀다는 것을 보여줘요.

W: 시내에 새로 문을 연...음.. Westchester 미술관에 가 보셨나요?

M: **개관식은 아주 인상적이었어요.** 하지만 거기에 있는 작품들은 너무 비싼 것 같아요. 다른 제안이 있으세요?

W: Jesse"s 가정용품점에 합리적으로 갑이 매겨진 작품들이 있어요. 사실 그 상점은 저희 건물에서 두 볼록 아래에 위치해 있어요.

M: 저는 그곳에 대해 들어본 적이 없어요. **지금 웹사이트를 확인하고 그곳에 구매할 수 있는 게 뭐가 있는지 확인해볼 게요.**

[문제유형 7~9]

[문제유형] What are the speakers mainly discussing?

[문제 7 단서] 질문 뒤에 **discussing talk about**은 주제를 묻는 문제이다.

<문제유형해법>

대화의 주제를 묻는 문제는 대화의 초반을 반드시 듣는다. 초반의 대화를 통해 정답은 Decorating a space이다.

[문제유형] What does the man mean when he says "The opening party was quite impressive?

[문제 8 단서] 의도 파악 문제는 질문의 인용어구 앞뒤에서 답을 찾는다.

<문제유형해법>

질문의 인용구 앞에 Have you been to that newly opened gallery downtown...
umm... Westchester Gallery? 시내에 새로운 문을 연 미술관에 가보았는지를 묻자

남자는 The opening party was quite impressive. 개관식이 매우 인상적이었다고 말
하는 것으로 보아 He visited a facility.가 정답이다.

[문제유형] What does the man say he will do?

[문제 9 단서] 문장 뒤에 next나 do로 끝나면 문장 마지막에 답이 나온다.

<문제유형해법>

다음에 할 일을 묻는 문제는 마지막 부분을 잘 듣는다. 마지막 부분을 통해 Search
for information online(온라인에서 정보를 찾을 것임을 알 수 있다.

▶ Questions 10~12 refer to following conversation.

M: Ms. Pennington this is Carl from Marketing. **I"m calling to see if you"ve had a chance to review he contract I sent you.** The one for the public relations services you inquired about...

W: Yes But I think the rate you want to charge is too high. The last PR contractor I hired had lower fees.

M: I understand. Since I was referred to you by another client **I can give you a 10 percent service fee reduction.**

W: That sounds resonable. However I"ll need to consult with my company"s financial manager First and he"s currently traveling overseas.
He"ll return this Friday so I"ll call you then.

10. Why is the man calling the woman? 남자는 왜 여자에게 전화를 하고 있는가?

(A) To conduct an interview 인터뷰를 하기 위해

(B) To inquire about a document 서류에 관해 문의하기 위해

(C) To confirm travel plans 예행 계획을 확인하기 위해

(D) To promote a product 제품을 홍보하기 위해

11. What does the man offer to do? 남자는 무엇을 해주겠다고 제안하는가?

(A) Organize a business trip 출장을 준비한다.

(B) Arrange a public event 공공 행사를 준비한다.

(C) Revise an itinerary 여행일정을 수행한다.

(D) Provide a discount 할인을 제공한다.

12. What does the woman say will happen this Friday?

여자는 이번 주 금요일에 무슨 일이 일어날 것이라고 말하는가?

(A) Her colleague will come back 그녀의 동료가 돌아올 것이다.

(B) Her salary will be increased. 그녀의 월급이 오를 것이다.

(C) She will receive some coupons 그녀는 몇몇 쿠폰들을 받을 것이다.

(D) She will hire a consultant. 그녀는 상담가를 고용할 것이다.

[정답] B-D-A

[해석] M: Ms. Pennington 저는 Northwood마케팅사의 Carl입니다. **제가 보내 드렸던 계약서를 검토할 기회가 있으셨는지 확인하고자 전화 드렸습니다.** 당신이 문의하신 홍보 서비스에 관한 것이요.

W: 네 하지만 당신이 청구하고자 하는 요금이 너무 높은 것 같아요. 제가 고용했던 지난 홍보 하청업자는 요금이 더 낮았거든요.

M: 알겠습니다. 다른 고객 분이 당신에게 저를 소개해 주셨기 때문에 **10퍼센트의 서비스 요금 할인을 제공해드릴 수 있습니다.**

W: 적정한 것 같네요. 하지만 저희 회사의 재무 관리자와 먼저 상의해야 하는데 그가 현재 해외여행 증이에요. **그가 이번 주 금요일에 돌아올 거니까** 그때 전화 드릴 게요.

[문제유형 10~12]

[문제유형] Why is the man calling the woman?

[문제 10 단서] 목적을 묻는 목적은 대화의 초반에서 나온다.

<문제유형해법>

초반에 남자가 I"m calling to see if you"ve had a chance to review he contract I sent you. 라며 자신이 보낸 계약서를 검토할 기회가 있었는지 확인하고자 전화했다고 했다. 정답은 To inquire about a document이다.

[문제유형] What does the man **offer** to do?

[문제 11 단서]

offer는 화자(I)가 해주겠다고 제안하는 것으로 대화 후반부 I will(can) Let me가 정답

<문제유형해법>

남자가 해주겠다고 제안하는 것을 묻는 문제이므로 남자의 말에서 여자를 위해 해주겠다고 언급한 내용을 주의 깊게 듣는다.I can give you a 10percent service fee reduction.이라며 10퍼센트의 서비스 요금 할인을 제공해줄 수 있다고 하였다.

[문제유형] What does the woman say will happen this Friday?

[문제 12 단서] say 앞뒤의 명사 동사가 답이 된다.

<문제유형해법>

say뒤의 이번 주 금요일에 일어날 일을 묻는 문제이므로 질문의 핵심어구(this Friday)가 언급된 부분을 주의 깊게 듣는다.

▶ Questions 13~15 refer to following conversation.

M: Good afternoon Lesley. **Thank you so much for inviting me to your housewarming party.**

W: I"m glad you made it. You"re actually the first person here so please have a seat anywhere in the living room. **I still need to bring out the snacks and drinks from the kitchen.**

M: Great...Wow! This space is decorated very nicely. Where did you buy this sofa?

W: From a vintage furniture retailer downtown. I have one of the store"s brochures right here if you"re interested.

M: OK. **I"ll look through this while I wait for everyone else to arrive.**

13. What type of event is talking place? 어떤 종류의 행사가 일어나고 있는가?

(A) A social gathering 친목 모임

(B) A product demonstration 제품 시연

(C) A furniture sale 가구 할인 판매

(D) A food exposition 식품 박람회

14. What does the woman say she needs to do? 여자는 무엇을 해야 한다고 말하는가?

(A) Remodel a kitchen 부엌을 리모델링한다.

(B) Put out some refreshments 다과를 꺼내 온다.

(C) Send some invitations 초대장을 보낸다.

(D) Contact a retailer 소매점에 연락한다.

15. What will the man most likely do next? 남자는 다음에 무엇을 할 것 같은가?

   (A) Give a recommendation 추천을 해준다.

   (B) Read a pamphlet 소책자를 읽는다.

   (C) Order a sofa 소파를 주문한다.

   (D) Browse a Web site 웹 사이트를 검색한다.

   [정답] A-B-B

> **[해석]** M: 안녕하세요 Lesley. **저를 집들이에 초대해 주셔서 정말 감사해요.**
>
> W: 와 주셔서 기쁘네요. 사실 당신이 여기 첫 번째로 오셨으니 거실 아무 데나 앉으시면 돼요. **저는 아직 부엌에서 간식과 음료를 가져와야 해요.**
>
> M: 좋아요...우아! 이 공간은 정말 잘 꾸며져 있네요. 이 소파는 어디에서 사셨어요?
>
> W: 시내에 있는 빈티지 가구 소매점 에서요 그 상점의 책자 중 하나가 바로 여기 있어요. 관심 있으시다 면요.
>
> M: 좋아요. **다른 사람들이 도착하길 기다리는 동안 이것을 살펴보고 있을 게요.**

[문제유형 13~15]

[문제유형] What type of event is talking place?

[문제 13 단서] What type of ~로 묻는 문제는 뒤의 명사와 연결시켜 초반에 나온다.

<문제유형해법>

열리고 있는 행사의 종류를 묻는 문제이므로 event와 관련된 내용을 주의 깊게 듣는다.

패러라이징(바꾸어 표현하기: housewarming party (집들이)→A social gathering (친목 모임)

[문제유형] What does the woman say she needs to do?

[문제 14 단서] say가 있으면 앞 뒤 핵심 어구를 통해 답을 구한다.

<문제유형해법>

질문의 핵심어구(she needs to do)와 관련된 내용을 주의 깊게 듣는다. **패러라이징(바 꾸어 말하기)** bring out the snacks and drinks 간식과 음료를 가져오다 →Put out some refreshments 다과를 꺼내 오다.

[문제유형] What will the man ~~most likely~~ do next?

[문제 15 단서] **next** 다음에 할 일은 마지막 부분에 답이 나온다.

<문제유형해법>

~~most likely~~는 버리고 do next를 통해 대화의 마지막 부분을 주의 깊게 듣는다. 책자를 살펴보겠다고 하였다.

▶ Questions 16~18 refer to following conversation.

M: I have to go to one of our warehouses to conduct a safety inspection. **Can you please join this afternoon's management conference call and take notes for me?**

W: No problem. **Will the managers be discussing the new distribution center?**

M: I don"t believe so. They"ll likely talk about productivity issues at the Atlanta plant. But if they mention the construction project please tell them I"ll provide a status update on that by e-mail tomorrow.

W: OK. The call starts at 2 p. m right?

M: Yes **I reserved the second-floor conference room for you at that time. It has a laptop that you can use.**

16. What does the man tell the woman to do? 남자는 여자에게 무엇을 하라고 말하는가?

  (A) Post some safety notices 안전 공고문을 제시한다.

  (B) Visit a merger"s office 관리자의 사무실에 방문한다.

  (C) Take part in a group call 그룹 통화에 참여한다.

  (D) Distribute some documents 서류를 나누어 준다.

208

17. What does the woman ask the man about? 여자는 남자에게 무엇에 관해 문의하는 가?

(A) A meeting agenda 회의 안건

(B) A travel itinerary 여행 일정

(C) A schedule change 일정 변경

(D) A project timetable 프로젝트 일정표

18. What does the man say about the conference room? 남자는 회의실에 관해 무엇을 말하는가?

(A) It will be locked tomorrow 내일 잠길 것이다

(B) It is in a convention center 컨벤션 센터 안에 있다

(C) It contains a computer 컴퓨터가 있다.

(D) It will be renovated 개조될 것이다.

[정답] C-A-C

[해석] M: 저는 안전 검사를 하기 위해 저희 창고들 중 한 곳에 가야 해요. **오늘 오후에 경영진 전화 회의에 참여해서 저를 위해 메모를 해주 실 수 있나요?**

W: 문제없어요. **경영진들이 새로운 유통 센터에 대해 논의할 건가요?**

M: 아닐 거예요. 그들은 애틀랜타 공장의 생산성 문제에 대해 이야기할 것 같아요. 하지만 그들 이 건설 프로젝트에 대해 언급하면 제가 내일 이메일로 그것에 대한 상황 업데이트를 제공할 것이라고 말해주세요.

W: 알겠 어요. 통화는 오후 2시에 시작하죠 맞나요?

M: 네 **당신을 위해 그 시간에 2층 회의실로 예약해 두었어요.**

　　사용하실 수 있는 노트북 컴퓨터가 있거든요.

[문제유형 16~18]

[문제유형] What does the man tell the woman to do?

[문제 16 단서] **What does the man tell~ 요청을 묻는 문제**

209

<문제유형해법>

남자가 요청하는 것을 묻는 문제이므로 남자의 말에서 요청과 관련이 표현된 부분을 집중해서 듣는다. Can you please join this afternoon's management conference call and take notes for me? 따라서 정답은

Take part in a group이다.

[문제유형] What does the woman ask the man about?

[문제 17 단서]

ask는 누가 누구에게 요청을 하는 문제이다. 앞 뒤 사람의 성을 보고 판단한다.

<문제유형 해법>

여자가 남자에게 문의하는 것을 묻는 문제이므로 여자의 말을 주의 깊게 듣는다. Will the managers be discussing the new distribution center? 경영진들이 새로운 유통 센터에 대해 논의할 것인지를 물었다.

[문제유형] What does the man say about the conference room?

[문제 18 단서] say는 선택지에서 앞뒤 명사를 보고 답을 정한다.

<문제유형해법>

남자가 회의실에 관해 언급하는 것을 묻는 문제이다. 질문의 핵심어구(conference room)가 언급된 주변을 듣는다. I reserved the second-floor conference room for you at that time. It has a laptop that you can use. 정답은 It contains a computer이다.

▶ Questions 19~21 refer to following conversation and chart.

W: Welcome to Fitzroy Gadgets. Can I help you with anything?

M: Yes **I bought a digital scale here two days ago.** When I got home and opened the package I noticed that the scale doesn"t come with batteries. I haven"t looked at the manual yet so I"m not sure of the exact type of battery I need.

W: That"s not an issue. I have a list of the battery types for all of the devices we sell. **Uh which digital scale model did you buy?**

M: **Um the Ollie 500...**

W: Great We have batteries for that one in stock. **I"ll help you find them now.**

model	Battery Type
Balan 900 Series	CR927
Smart Weigh 1	CR 1025
DecoMat 1800	CR 1216
Ollie 500	**CR 1220**

19. What did the man do two days ago? 남자는 이틀 전에 무엇을 했는가?

(A) Read a manual 설명서를 읽었다

(B) Requested a refund 환불을 요청했다

(C) Made a purchase 구매를 했다

(D) Received a delivery 배달물품을 받았다.

20. Look at the graphic. Which battery type will the man most likely buy?

시각 자료를 보시 오 남자는 어떤 배터리 종류를 살 것 같은가?

(A) CR927

(B) CR1025

(C) CR1216

(D) CR1220

21. What will the woman probably do next? 여자는 다음에 무엇을 할 것 같은가?

(A) Restock a shell 선반을 다시 채운다.

(B) Change some batteries 배터리를 바꾼다.

(C) Demonstrate a device 기기를 시연한다.

(D) Locate some items 물품들을 찾아낸다.

[정답] C-D-D

[해석] W: Fitzroy Gadgets에 오신 것을 환영합니다. 무엇을 도와드릴까요?

M: 네 제가 이틀 전에 여기서 디지털 저울을 샀어요. 제가 집에 가서 상자를 열었을 때 저 울에 배터리가 딸려 있지 않은 것을 발견했어요. 제가 아직 설명서를 보지 않아서 필요 한 배터리의 정확한 종류는 모르겠어요.

W: 그건 문제가 아니 에요. 저희가 파는 모든 기기의 배터리종류 목록을 가지고 있습니다. 어 어떤 디지털 저울 모델을 구입하셨나요?

M: 음 Ollie 500이요.

W: 좋아요. 저희에게 그것의 배터리 재고가 있네요. 지금 찾는 것을 도와드릴게요.

[문제유형 19~21]

[문제유형] What did the man do two days ago?

[문제 19 단서] 숫자를 묻는 문제는 숫자를 잘 듣는다.

<문제유형해법>

숫자 (two days ago)가 언급된 부분을 주의 깊게 듣는다. I bought a digital scale here two days ago. 따라서 정답은 Made a purchase이다. 패러라이징(바꾸어 표현하기): bought a digital scale(디지털 저울을 사다)→Made a purchase(구매하다)

[문제유형] Look at the graphic. Which battery type will the man most likely buy?

[문제 20 단서] 시각자료문제는 제시된 차트의 정보를 확인한다.

<문제유형해법>

질문의 핵심요구(battery type~man~buy)와 관련된 내용을 듣는다. Uh which digital scale model did you buy? 라면 어떤 디지털 저울 모델을 구입했는지 묻자 남자가 Um the Ollie 500이라고 하였으므로 남자는 Ollie 500 모델의 배터리 종류인 CR1220을 살 것임을 차트에서 알 수 있다.

[문제유형] What will the woman probably do next?
[문제 21 단서] next 문제는 대화의 마지막 부분에서 찾는다.
<문제유형해법>

대화의 마지막 부분 I"ll help you find them now라며 지금 배터리를 찾는 것을 도와주겠다고 한 말을 통해 여자가 물품을 찾아낼 것임을 알 수 있다.

[part 4 Listening Comprehension]

3문제가 출제되면서 전체 지문 관련 문제(주제, 화자)를 묻는 문제와 세부 사항 관련문제(방법과 이유, 의도파악, 제안, 다음에 할 일, 언급) 등을 묻는 문제유형이 출제된다.해당 문제가 무엇을 묻는지 문제유형을 파악한다.

▶ Questions 22~24 refer to the following advertisement.

Do you expect only the highest –quality accommodations when you travel? **Then join GOFAR and become part an exclusive club. Our online application finds the best deals on rooms in five-star establishments on tour behalf. Our GOFAR loyalty program will also let you accumulate points and earn a major discount after you book through us 10 times. So go to www. gofarapp.com.**
where you can fill out a membership form in less than 10 minutes!
Once you do you can download our application and began discovering
amazing deals.

22. What is being advertised?

 (A) A hotel booking application

 (B) A new luxury resort

 (C) A tour guide association

 (D) An online clothing store.

23. How can listers earn a discount?

 (A) By filling out a questionnaire.

 (B) By recommending a company to friends

 (C) By posting a customer review

 (D) By using a service multiple times

24. Why should listeners visit Web site?

(A) To view an itinerary

(B) To become a member

(C) To look at dome images

(D) To calculate rewards points

[22-24 지문해석]

여행을 할 때 최고급의 숙소만을 기대하십니까? 그렇다면 GOFAR에 가입하시고 회원제 클럽의 일원이 되십시오. 저희 온라인 애플리케이션은 여러분을 대신하여 5성급 호텔의 객실들에 대해 특가들을 찾아드립니다. 또한 저희 GOFAR로 멀티프로그램은 포인트를 쌓을 수 있게 해주며 저희를 통해 열 번 예약을 하신 후에는 주요 할인을 받을 수 있도록 해드립니다. 그러니 10분 이내에 회원 신청서를 작성하실 수 있는 www. gofarpp.com으로 가세요! 그렇게 하시면 저희의 애플리케이션을 다운로드 받을 수 있고 엄청난 특가 상품을 발견하기 시작할 수 있습니다.

22. 무엇이 광고되고 있는가?

(A) 호텔 예약 애플리케이션

(B) 새로운 고급 리조트

(C) 관광가이드 협회

(D) 온라인 의류 점

23. 청자들은 어떻게 할인을 받을 수 있는가?

(A) 설문지를 작성함으로써

(B) 회사를 친구에게 추천함으로써

(C) 고객 후기를 게시함으로써

(D) 서비스를 여러 번 이용함으로써

24. 청자들은 왜 웹 사이트를 방문해야 하는가?

   (A) 여행 일정표를 보기 위해

   (B) 회원이 되기 위해

   (C) 사진들을 보기 위해

   (D) 보상 포인트를 계산하기 위해

[정답] A-D-B

[문제유형] 무엇이 광고되고 있는가?

[문제 22 단서] 광고의 주제를 묻는 문제는 담화 초반 제품명이나 회사명이 단서다.

<문제유형해법>

지문의 초반에 Then join GOFAR and become part an exclusive club. Our online application finds the best deals on rooms in five-star establishments on tour behalf. 라면 저희 온라인 애플리케이션은 여러분을 대신하여 5성급 호텔의 객실들에 대해 특가들을 찾아준다고 하였다. 정답은 (A) 호텔 예약 애플리케이션이다.

[문제유형] 청자들은 어떻게 할인을 받을 수 있는가?

<문제 23 단서> discount off down 등의 단어 주변을 주의 깊게 듣는다.

<문제유형해법>

Our GOFAR loyalty program will also let you accumulate points and earn a major discount after you book through us 10 times. GOFAR를 통해 열 번 예약을 한 후에는 주요할인을 받을 수 있다고 하였다.

[문제유형] 청자들은 왜 웹 사이트를 방문해야 하는가?

[문제 24 단서] 이유를 묻는 문제로 visit a Web site과 관련된 내용을 듣는다.

<문제유형해법>

So go to www. gofarapp.com. where you can fill out a membership form in less than 10 minutes! 10분 이내에 회원 신청서를 작성하실 수 있는 www. gofarpp.com으로 가라고 했다.

▶ Questions 25~27 refer to the following broadcast.

Welcome to *RWV FM"s Business New Break*. **Health food retail chain Firstgrade** has just posted strong quarterly earnings proving that **their new business model is highly popular with shoppers. The model allows customers to bring in their own containers for certain bulk staples such as rice and beans. which reduces the cost**.

The retailer itself buys those items in large containers increasing its own margins.

The implementation of this successful business idea is

expected to go nationwide starting next month.

25. What kind of business is Firstgrade?

   (A) A technology firm

   (B) A grocery store

   (C) A shipping company

   (D) A financial institution

26. Why do customers like a new business concept?

   (A) It reduces waste.

   (B) It saves money

   (C) It improves people"s health

   (D) It takes less time

27. What will probably happen next month?

    (A) A strategy will be used in more stores.

    (B) A final testing period will get underway.

    (C) A new executive will be named.

    (D) A start-up company will be bought.

[25~27 해석]

RWV FM"s Business New Break에 오신 것을 환영합니다. **건강 음식 소매 체인점 Firstgrade가 그들의 새로운 사업 모델이 쇼핑객들에게 매우 인기가 있음을** 보여주는 확고한 분기별 수익을 게시했습니다. **그 모델은 고객들이 쌀과 콩 같은 특정한 대용량의 기본 식료품들에 대해 자신들의 용기를 가지고 오도록 하는데 이것이 비용을 줄이게 합니다.** 소매상은 이러한 물품들을 대형 용기들로 구매하여 그들의 이윤을 늘립니다. **이 성공적인 사업 아이디어의 시행은 다음 달부터 전국적으로 확대될 것입니다.**

25. Firstgrade는 어떤 종류의 사업인가?

    (A) 기술회사

    (B) 식료품점

    (C) 배송 회사

    (D) 금융기관

26. 고객들은 왜 새로운 사업 콘셉트를 좋아하는가?

    (A) 쓰레기를 줄인다.

    (B) 돈을 절약한다.

    (C) 사람들의 건강을 증진시킨다.

    (D) 시간이 덜 걸린다.

27. 다음 달에 무슨 일이 일어날 것 같은가?

(A) 전략이 더 많은 상점 들에서 사용할 것이다.

(B) 마지막 시험 기간이 시작될 것이다.

(C) 새로운 이사가 임명될 것이다.

(D) 신생회사가 구매될 것이다.

[정답] B-B-A

[문제유형] What kind of business is Firstgrade?
[문제 25 단서] What kind of~뒤에 종류를 나타내는 사람이나 사물에 대해 답한다.

<문제유형해법>
Firstgrade 이 부분을 들려주는 부분을 주의 깊게 듣는다. 건강 음식 소매 체인점이다.

[문제유형] Why do customers like a new business concept?
[문제 26 단서]
이유를 묻는 질문은 문제의 뒤 문장에 어떤 질문의 핵심어구(a new business concept)가 있는지에 주목한다.

<문제유형해법>
~which reduces the cost라는 말이 나온다. 정답은 It saves money이다.

[문제유형] What will probably happen next month?
[문제 27 단서] nest month을 보고 뒤 부분에서 답을 찾는다.

<문제유형해법>

The implementation of this successful business idea is expected to go nationwide starting next month. (이 성공적인 사업 아이디어의 시행은 다음 달부터 전국적으로 확대될 것이라고 했다. 정답은 A strategy will be used in more stores이다.

▶ Questions 28~30 refer to the following talk.

Hello everybody. When the Chestnut Theater closed last January due to poor attendance levels. It was a huge disappointment for many residents. However **thanks to the generous contributions of you and other community members we were able to build the new smaller theater Victoria Playhouse.**

To mark the occasion **performances in August-our first month in operation-will be discounted.**

And season passes will be sold for just $75 during this time.

Now if you"ll follow me I"d be happy to provide a brief tour of the stage and backstage areas.

28. Who are the listers?

   (A) Potential investors

   (B) Stage performers

   (C) Award winners

   (D) Financial donors

29. When will ticket prices be reduced?

   (A) In January

   (B) In February

   (C) In August

   (D) In September

30. What will the speaker probably do next?

(A) Introduce an important figure

(B) Distribute some programs

(C) Show people around a facility

(D) Explain a seating arrangement

[28~30 지문해석]

안녕하세요. 여러분 Chestnut 극장이 지난 1월 낮은 관객 수로 인해 문을 닫았을 때 그것은 많은 주민들에게 큰 실망을 안겨주었습니다. 그러나 **여러분과 다른 지역 사회의 구성원들의 아낌없는 기부 덕분에 이 새롭고 더 아담한 극장인 Victoria Playhouse를 세울 수 있었습니다.** 이 행사를 기념하기 위해 운영 첫 달인 8월의 공연들이 할인될 것입니다. 그리고 이 기간 동안 시즌권은 단 75달러에 판매될 것입니다. **이제 저를 따라오시면 제가 기꺼이 무대와 무대 뒤 공간의 간략한 투어를 제공해드리겠습니다.**

28. 청자들은 누구인가?

(A) 잠재적 투자자들

(B) 무대 공연자들

(C) 수사자들

(D) 재정 기부자들

29. 티켓 가격은 언제 인하될 것인가?

(A) 1월에

(B) 2월에

(C) 8월에

(D) 9월에

30. 화자는 다음에 무엇을 할 것 같은가?

   (A) 중요한 인물을 소개한다.

   (B) 진행표를 배포한다.

   (C) 사람들에게 시설을 보여준다.

   (D) 좌석 배치를 설명한다.

   [정답] D-C-C

   [문제풀이 해법]

   [문제유형] Who are the listers?

   [문제 28 단서] 청자들을 묻는 문제는 신분 및 직업과 관련된 표현을 듣는다.

   <문제유형해법>

   thanks to the generous contributions of you and other community members we were able to build the new smaller theater Victoria Playhouse. 아낌없는 기부 덕분 이라는 말이 나오는 것으로 보아 재정 기부자들(Financial donors)이다.

   [문제유형] When will ticket prices be reduced?

   [문제 29 단서] 인하 문제는 discount 나오는 부분을 듣고 그 부분에서 답을 찾는다.

   <문제유형해법>

   performances in August-our first month in operation-will be discounted.

   이 행사를 기념하기 위해 운영 첫 달인 8월의 공연들이 할인될 것입니다 답은 8월 이다.

   [문제유형] What will the speaker probably do next?

   [문제 30 단서] do next가 있으면 마지막 부분에서 Now 부분이 답으로 나온다.

<문제유형해법>

Now if you"ll follow me I"d be happy to provide a brief tour of the stage and backstage areas. 자신의 무대와 공간의 투어를 기꺼이 제공하겠다고 한 말을 통해 Show people around a facility이 정답이다.

[Listening Comprehension 해커스 토익 실전 1000제 출처]

16시간만에 토익 끝내기

지 은 이 김원호

1판 1쇄 발행 2020년 05월 31일

저작권자 김원호
발 행 처 하움출판사
발 행 인 문현광
편   집 오현정
주   소 전라북도 군산시 축동안3길 20, 2층(수송동)
I S B N 979-11-6440-150-5
홈페이지 http://haum.kr/
이 메 일 haum1000@naver.com

좋은 책을 만들겠습니다.
하움출판사는 독자 여러분의 의견에 항상 귀 기울이고 있습니다.

값은 표지에 있습니다.
파본은 구입처에서 교환해 드립니다.

이 도서의 국립중앙도서관 출판예정도서목록(CIP)은 서지정보유통지원시스템 홈페이지(http://seoji.nl.go.kr)와
국가자료종합목록 구축시스템(http://kolis-net.nl.go.kr)에서 이용하실 수 있습니다. (CIP제어번호 : CIP2020021128)